초등학생 때 배워
평생 써먹는
창의력

단단한 어린이가 되는 주니어 자기계발 시리즈 ②

초등학생 때 배워 평생 써먹는 창의력

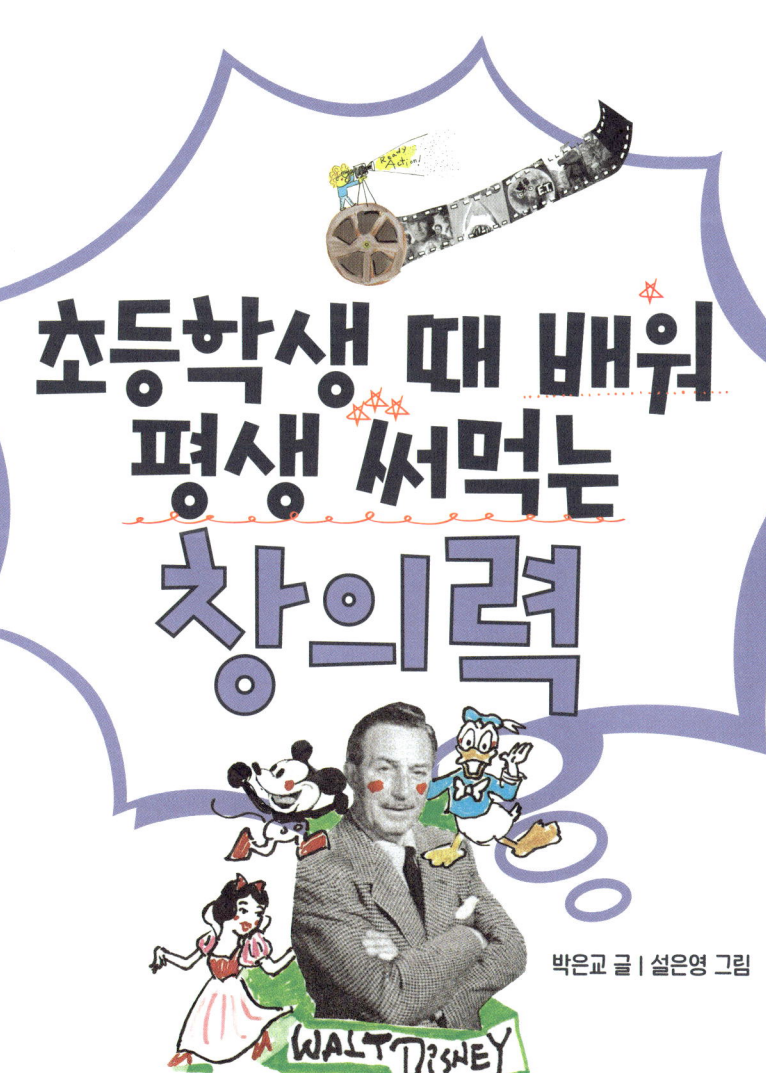

박은교 글 | 설은영 그림

비케주니어

작가의 말

시시하고 엉뚱한 생각도
세상을 바꿀 수 있어요

어린 시절 하늘을 나는 비행기를 보면 "와, 저렇게 무겁고 큰 비행기가 어떻게 하늘을 날 수 있는 걸까?" 하고 궁금해했어요. 그러면서 비행기는 가장 똑똑하고 유명한 과학자가 만들었을 거라고 생각했지요.

하지만 비행기를 만든 인물이 평범한 자전거 가게를 하던 라이트 형제라는 것을 알게 되었어요. 공부를 잘하지도 못했고, 유명하지도 않았던 라이트 형제는 어떻게 처음으로 비행기를 만들 수 있었을까요? 그것은 다름 아닌, 바로 하늘을 날고 싶다는 상상력이었어요!

여러분도 상상을 할 때가 있나요? 숙제를 뚝딱 해치우는 로봇이 있다면 얼마나 좋을까, 투명 인간이 되면 얼마나 신날까 하는 상상 말이에요. 시시하고 엉뚱하게 보일지 모르지만 이런 생각을 거듭하다 보면 어느새 창의력이 자라게 돼요. 그리고 그 창의력은 새로운 기술이 되기도 한답니다. 라이트 형제의 비행기처럼요.

이 책에는 남다르게 생각하는 것을 좋아했던 인물들의 이야기가 담겨 있어요. 주변의 작은 사물에도 관심을 가지고 이야기를 만들어 내 작가가 된 조앤 롤링, 자연을 관찰해 훌륭한 건축물을 설계한 안토니오 가우디, 만화 그리기에서 시작해 세계 제일의 놀이공원을 만든 월트 디즈니, 남과 다른 특별한 것을 찾는 습관으로 전 세계 사람들이 좋아하는 컴퓨터를 만든 스티브 잡스, 어렵고 힘들수록 즐거운 상상을 멈추지 않았던 영화감독 스티븐 스필버그 등, 이들은 작은 상상에서 시작해 결국에는 세상을 깜짝 놀라게 한 기술과 아이디어를 탄생시켰지요.

하지만 이들 모두 처음에는 주변 사람들에게 엉뚱하다는 핀잔을 수없이 들었어요. 하지만 자신의 상상을 현실로 이루기 위한 노력을 멈추지 않았지요. 여러분도 자신만의 생각을 키우고 조금씩 발전시켜 보세요!

박은교

작가의 말 • 4

상상은 쓸데없는 일이 아냐
어려움을 극복하고 최고의 소설을 쓴 **조앤 롤링** • 8
창의력 키우기 ❶ 주변의 사물에 관심 가지기 • 24

자연을 관찰해 봐
자연에서 얻은 상상력을 건축물에 담은 **안토니오 가우디** • 26
창의력 키우기 ❷ 자연의 모습을 세심하게 관찰하기 • 40

가장 좋아하는 일을 가장 열정적으로
만화를 통해 환상의 세계를 완성시킨 **월트 디즈니** • 42
창의력 키우기 ❸ 자신이 가장 잘할 수 있는 일 찾기 • 54

뭔가 더 새롭고 특별하게
편리하고 매력적인 IT기기를 만든 **스티브 잡스** • 56
창의력 키우기 ❹ 평범한 것을 특별하게 만들어 보기 • 70

불가능해 보이는 꿈이라도 계속 도전하자
새처럼 하늘을 나는 꿈을 이룬 **라이트 형제** • 72
창의력 키우기 ❺ 불가능한 일이 이루어지는 상상해 보기 • 84

관찰과 실험으로 호기심을 해결해
화가이자 과학자였던 **레오나르도 다빈치** • 86
창의력 키우기 ❻ 다양한 감각 활용하기 • 98

공상은 나의 힘
왕따 낙제생에서 최고의 영화감독이 된 **스티븐 스필버그** • 100
창의력 키우기 ❼ 재미있는 상상을 계속하기 • 112

각기 다른 것도 섞으면 새로워져
음악과 미술, 철학과 기계까지 섞어 새 예술을 탄생시킨 **백남준** • 114
창의력 키우기 ❽ 여러 분야의 지식을 섞어 보기 • 130

위기를 두려워 마
타고 남은 나무로 세계적인 장난감을 만든 **고트프레드 크리스티얀센** • 132
창의력 키우기 ❾ 생활 곳곳에서 즐거움과 재미 찾기 • 146

부록 정답이 없는 창의력 문제 • 148

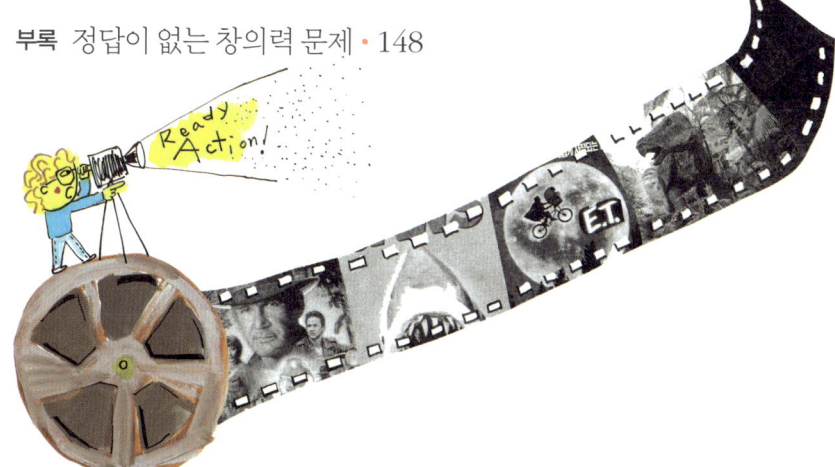

상상은 쓸데없는 일이 아냐

**어려움을 극복하고 최고의 소설을 쓴
조앤 롤링**

조앤 롤링(Rowling, Joanne Kathleen 1965~)
영국의 소설가. 어렸을 때부터 여동생을 위한 이야기를 만들었다. 엑세터 대학 불문학과를 졸업한 뒤 국제 사면 위원회 등에서 일하다 결혼을 했다. 하지만 곧 이혼하고, 어려운 생활을 꾸려 가면서도 소설을 쓰기 시작했다. 1996년 6월에 나온 첫 책인 《해리포터와 마법사의 돌》은 출간하자마자 베스트셀러가 되었고, 스마티즈 상을 비롯해 수많은 상을 받았다. 이 시리즈는 현재까지 80개국의 언어로 번역되어 5억만 부 이상 팔리는 큰 성공을 거두었다.

"야호! 쉬는 시간이다!"

3교시 수업을 마치는 종이 울리자 아이들이 신 나게 교실을 빠져나갔어요. 그런데 한 무리의 아이들은 교실 뒤쪽으로 모여들었어요. 교실 맨 뒤에 있는 조앤의 자리로요.

"조앤, 아까 하던 이야기 마저 해 줘. 다음 이야기가 궁금해서 수업 시간에도 내내 그 생각만 했단 말이야. 그래서 그 마이클이라는 남자애랑 주디가 어떻게 된 거야? 응?"

조앤 롤링은 학교에서 이야기를 가장 잘 짓는 학생으로 유명했어요. 책도 많이 읽었고 글도 잘 써서 작문 시간이면 선생님은 늘 조앤을 칭찬했지요. 또 쉬는 시간이면 반 아이들이 조앤의 이야기를 들으려 몰려들곤 했어요. 같은 반 아이들은 물론 다른 반 아이들까지도요. 조앤은 평소에는 얌전했지만 아이들에게 이야기를 들려줄 때면 어디서 그런

용기가 생기는지 목소리가 커지고 당당해졌답니다.

"아, 내가 어디까지 얘기했더라?"

조앤이 생각을 하는 듯 연필 끝으로 턱을 톡톡 두드렸어요. 그러자 성격 급한 앤이 나섰지요.

"마이클이 자기가 마법을 부릴 수 있다는 걸 알아챘다며, 그래서 주디를 불렀잖아."

"아, 맞아. 거기까지 말했지! 그래서 마이클은 주디 앞에서 같은 주문을 외웠어. 그러자 거실에 있는 의자가 공중으로 붕 떠오르는 거야. 자신이 생긴 마이클은 자기 능력을 더 시험해 봤어. 의자는 탁자를 넘어 벽난로 위로, 그러고는 천장에 닿을 정도까지 올라갔지. 그것을 본 주디의 눈은 와플만큼이나 커졌어."

주변에 모여든 아이들은 어느새 조앤의 이야기 속에 푹 빠져들었어요. 조앤이 들려주는 이야기에는 다른 동화책에서는 느낄 수 없는 독특한 재미가 있었거든요. 조앤의 이야기는 언제나 눈앞에서 펼쳐지는 것처럼 생생했고, 마법이나 여행, 우정 등 아이들이 좋아하는 소재들로 가득했지요. 또 뒷이야기가 어떻게 펼쳐질지 도무지 예측할 수 없어 더욱 흥미진진했어요.

재미가 있는 건 이야기를 만들어 내는 조앤도 마찬가지였어요. 친구들에게 이야기를 들려줄 때의 기분은 뭐라고 말할 수 없을 만큼 좋았답니다. 자기 이야기에 집중하는 아이들의 얼굴, 슬픈 이야기에서는 울먹거리고, 즐거운 이야기에서는 좋아하는 아이들의 모습을 볼 때면 조앤은 세상의 그 누구보다 행복했어요.

'이야기를 만든다는 건 정말 신 나는 일이야. 평생토록 친구들에게 들려줄 이야기를 쓰는 작가가 될 수 있다면……'

그때 수업이 시작되는 종소리가 울렸어요.

"아, 벌써 시간이 이렇게 된 거야?"

"다음 쉬는 시간에도 이어서 이야기해 줘야 해. 알았지?"

아이들은 아쉬움이 가득한 표정을 지으며 제자리로 돌아갔어요.

조앤 롤링은 《해리포터》 시리즈를 써서 전 세계 독자들의 마음을 사로잡은 영국의 소설가예요. 《해리포터》 시리즈는 매 권이 출간될 때마다 독자들에게 폭발적인 사랑을 받았어요. 서점 앞에서는 일분일초라도 먼저 책을 사 보려는 사람들이 장사진을 칠 정도였지요. 또 나중에는 영화로도 만들어져 더욱 큰 인기를 끌었답니다.

 덕분에 조앤 롤링은 2001년 경제 잡지 〈포브스〉에서 뽑은 전 세계 저명인사에 선정되었어요. 세계 최고 부자 클럽에도 속하게 되었고요.

 하지만 작가가 되기 전 조앤은 남편과 이혼을 하고 어렵고 불행한 시기를 보냈답니다. 정말이냐고요?

 조앤은 작가가 되는 것이 꿈이었지만 넉넉하지 못한 가정 형편 때문에 대학을 졸업하자마자 국제 사면 위원회에서 바로 일을 시작해야 했어요. 조앤은 그곳에서 비서로 일했어요. 하지만 조앤에게는 상사의 모든 활동을 꼼꼼히 챙기고 보조하는 비서 일은 따분할 뿐이었어요. 늘 긴장해야 하는데다 자신만의 시간은 조금도 허락되지 않았거든요.

 늘 혼자서 이런저런 공상하기를 즐겼던 조앤에게는 적당한 일이 아니었던 거예요. 그러다 보니 실수가 계속되었고, 상사에게 여러 번 야단을 맞고는 결국 그곳을 그만두어야 했어요.

 마침 기회가 생겨 조앤은 이번에는 포르투갈로 가서 아이들에게 영어를 가르쳤어요. 마음속에는 여전히 작가가 되고 싶다는 꿈이 있었지만 마음껏 글을 쓸 만한 형편은 되

지 않았어요. 부지런히 돈을 벌어야만 했거든요. 그러던 중 조앤은 작가의 꿈을 이해해 주는 조르헤라는 남자를 만나 사랑에 빠지게 되었어요.

"조앤, 넌 분명히 훌륭한 작가가 될 거야. 돈은 내가 벌 테니 넌 마음껏 글을 써. 우리 결혼하자."

이렇게 두 사람은 결혼을 하게 되었고, 머지않아 제시카라는 예쁜 딸도 얻었어요. 하지만 조르헤는 결혼 전의 약속과는 달리 집에서 빈둥거리기만 할 뿐 딸과 아내를 위해 돈을 벌려고 하지 않았어요.

결국 조앤은 생활비를 벌기 위해 전보다 더 많은 일을 했어요. 게다가 일을 마치고 집으로 돌아오면 잔뜩 쌓인 집안일을 하느라 글을 쓰기는커녕 잠시 쉴 틈도 없을 정도였답니다. 그런 생활이 계속되자 조앤은 몸도 마음도 지쳐 갔어요.

어느 날 조앤이 일을 마치고 집으로 돌아왔을 때였어요. 집은 제시카가 어질러 놓은 옷가지와 장난감들로 온통 난장판이었고, 부엌에는 설거지할 그릇들이 가득 쌓여 있었어요.

"조르헤. 난 온종일 일하고 지쳐서 돌아왔는데 당신은 늘 집에 있으면서 청소조차 하지 않는 거야? 나 정말 힘들어!"

조앤은 화가 머리끝까지 나서 남편 조르헤에게 소리쳤어요.

"뭐라고? 지금 밖에서 일하고 왔다고 으스대는 거야? 여긴 내 집이야. 그렇게 불만스러우면 당장 내 집에서 나가!"

조르헤는 오히려 큰소리를 치며 조앤을 쫓아냈어요. 결국 조앤은 딸과 함께 달랑 여행 가방 하나만 들고 영국으로 돌아왔지요.

그 뒤로 조앤은 영국 정부에서 나오는 생활 보조금을 받으며 간신히 살 수밖에 없었어요. 무척 슬프고 외로웠지요. 오랫동안 마음고생을 한 탓에 우울증까지 생겨 하루하루는 지옥 같기만 했어요.

하지만 딸 제시카가 있었기 때문에 무슨 일이든 해서 돈을 벌어야 했어요. 조앤은 닥치는 대로 허드렛일을 하면서 어려운 나날을 보냈어요. 그러던 어느 날, 동생이 오랜만에 찾아왔지요.

"언니, 예전에 언니가 재미있는 마법사 이야기 많이 해 줬잖아. 난 가끔 그때 언니가 해 준 이야기들이 생각나. 언니는 그 이야기들 다 기억해?"

"그럼, 다 기억하지. 적어 둔 것도 있는걸."

"뭐? 그 글을 아직도 가지고 있다고? 그럼 어디 줘 봐. 읽어 보게."

"아이, 무슨. 다 오래전에 쓴 것들이야."

"아냐, 언니. 다시 읽어 보고 싶어. 응?"

그러자 조앤은 서랍 깊숙이 넣어 둔 낡은 공책을 건넸어요. 동생은 킥킥거리면서 낡은 공책에 적힌 글을 금방 읽어 내려갔어요.

"정말 재미있다, 언니. 그런데 이거 미완성이잖아. 뒷부분까지 마무리해서 책으로 내 보면 어때?"

"누가 이걸 책으로 내 주겠어? 게다가 매일 일하랴, 아이 보랴 바쁜데 글 쓸 시간이 어디 있니?"

조앤은 고개를 저었어요. 하지만 마음속에서는 정말 글을 쓰고 싶다는 열망이 솟구쳤지요. 글을 쓰고 있을 때야말로 자신이 가장 행복하다는 걸 잘 알았거든요.

　동생이 돌아간 뒤 조앤은 그 공책을 꺼내 가만히 펼쳐 보았어요. 그러자 미처 끝내지 못한 이야기의 뒷부분이 꼬리에 꼬리를 물고 머릿속에서 꿈틀대기 시작했어요.
　'아, 글을 쓰면서 살 수 있다면 얼마나 좋을까? 내 글을 사람들이 읽어 준다면……. 과연 그럴 때가 올까? 아직 이 것도 제대로 완성하지 못했는데 말이야. 그래, 조금씩 짬을 내서 이 이야기를 완성하는 거야. 잠을 좀 줄이면 제시카가 잠든 뒤에 한두 시간 정도는 글 쓸 시간을 낼 수 있을 거야.'

이렇게 결심한 조앤은 그날부터 글을 쓰기 시작했어요. 일을 마치고 시간이 나면 카페에 들러 몇 시간이고 집중해서 글을 썼지요. 글을 쓸 수 있다는 것이 무척이나 기뻤기 때문에 피곤한 줄도 몰랐어요.

그렇게 해서 1995년 여름, 드디어 《해리포터와 마법사의 돌》을 완성할 수 있었어요. 읽고 또 읽으며 수십 번을 고쳐 썼기 때문에 조앤은 원고의 단어 하나하나까지 다 외울 정도였답니다.

하지만 그걸로 끝은 아니었어요. 완성된 원고를 여러 출판사에 보냈지만 모든 출판사가 출판을 거절하는 답장을 보내왔거든요.

"아, 이렇게 많은 출판사 중에서 내 책을 내 줄 곳이 없다니……."

실망한 조앤은 도서관에 꽂혀 있는 수많은 책들을 바라

보며 이렇게 중얼거렸어요. 그러던 어느 날 드디어 출판사로부터 전화가 걸려왔어요.

"조앤 롤링 씨이지요? 보내 주신 원고 잘 읽었어요. 어찌나 재미있는지 읽는 내내 시간 가는 줄 몰랐어요. 분명 어린이들이 이 책을 좋아할 것 같아요. 이 원고를 출판하고 싶군요."

수화기 너머로 들리는 목소리에 조앤은 기뻐서 숨이 멎을 것만 같았어요.

"야호, 드디어 해냈어. 내 이름으로 된 책이 나오는 거야!"

조앤은 전화를 끊자마자 방에서 쿵쿵 소리가 날 정도로 펄쩍펄쩍 뛰었어요. 1996년에 처음 출판된 《해리포터와 마법사의 돌》은 어린이들의 입소문을 타면서 날개 돋친 듯 팔려 나가기 시작했어요.

"어제 《해리포터와 마법사의 돌》을 보느라 밤까지 새웠어. 정말 재미있더라. 너도 읽어 봤어?"

"그럼! 친구가 재미있다고 해서 지난달에 이미 읽었는걸. 곧 영화로도 나올 거래. 난 영화가 개봉되면 첫날 가서 볼 거야."

"내가 읽은 책 중 가장 재미있었어!"

전 세계의 아이들은 이렇게 해리포터의 이야기에 빠져들었어요. 해리포터 시리즈는 1998년《해리포터와 비밀의 방》, 1999년《해리포터와 아즈카반의 죄수》, 2000년《해리포터와 불의 잔》, 2003년《해리포터와 불사조 기사단》, 2005년에《해리포터와 혼혈 왕자》, 그리고 2007년《해리포터와 죽음의 성물》까지 모두 7권이 출간되었어요.

이 시리즈의 책이 나오는 날이면, 서점 주변은 몰려드는 사람들로 교통 체증이 일어날 정도였고, 서점들은 모두 문 닫는 시간을 늦추었지요. 이러한 관심은 영국뿐만이 아니었어요. 이 시리즈는 80개국의 언어로 번역되어 전 세계 독자들에게도 뜨거운 사랑을 받았어요.

이렇게《해리포터》시리즈가 전 세계 독자들에게 놀라운 사랑을 받고 난 뒤, 조앤 롤링은 2008년 하버드 대학교 졸업식에 참석하게 되었어요. 조앤은 축사에서 이렇게 말했지요.

"남편과 이혼하고 지독히도 가난했던 그때 나는 이렇게 생각했어요. 나는 살아 있고, 내 옆에 사랑하는 딸이 있으며, 오래된 타자기 하나와 근사한 아이디어가 있다고요. 내게 어려움이 닥친 것은 사실이었지만 그 어려움은 내 삶을 다시 일으켜 세우는 단단한 기반이 되었답니다."

주변의 사물에 관심 가지기

조앤 롤링은 어렸을 때부터 주변의 사물을 그냥 지나치지 않았어요. 길을 가다가 새를 보면 '저 새는 왜 저렇게 슬프게 우는 걸까? 무슨 일이 있는 걸까?' 하고 상상하면서 '새에게는 친구가 있었는데 어느 날 덫에 걸려 그 친구가 먼저 세상을 떠났기 때문에 우는 거야.' 하고 이야기를 만들었지요. 주변 모든 사물에 이야기를 만들어 내며 상상력을 키우고 작가의 꿈을 키운 것이에요.

주변의 사물에게 말을 걸어 봐요

'넌 어디서 만들어졌니?', '어떤 과정을 거쳐서 여기에 오게 되었니?' 하면서 사물에게 직접 말을 걸어 봐요. 그리고 대답을 상상해 봐요. 사물의 쓰임새와 모양, 제조 과정 속에는 수많은 이야기가 담겨 있으니까요.

사람들을 관찰해 봐요

버스를 타는 사람, 전화를 하는 사람 등 거리의 사람들을 관찰하면서 '지금 어떤 상황일까?', '어떤 이야기를 나누는 걸까?', '기분은 어떨까?'를 상상해 보세요. 이러한 관찰로는 사람의 다양한 성격을 찾아볼 수 있지요.

 책을 많이, 여러 번 읽어요

쓰기의 기본은 바로 '읽는 것'이에요. 같은 책을 한 번 읽고 또다시 읽으면 주인공의 행동이라든가, 성격이라든가, 배경 등이 새롭게 보이면서 글쓰기 실력이 더 좋아져요.

자연을 관찰해 봐

자연에서 얻은 상상력을 건축물에 담은
안토니오 가우디

안토니오 가우디 이 코르네트
(Gaudí y Cornet, Antonio 1852~1926)

스페인의 건축가. 지중해 연안의 스페인 카탈루냐 지방에서 구리 세공업을 하는 집안의 아들로 태어났다. 그는 구엘 저택, 구엘 공원, 사그라다 파밀리아 성당 등을 설계했는데, 주로 자연에서 영감을 얻은 것을 건축에 응용했다. 밀라 저택과 구엘 저택, 구엘 공원은 1984년 유네스코 세계 문화유산으로도 지정되었다.

　스페인 레우스의 한적한 시골길에 노새를 타고 가는 한 남자아이가 있었어요.
　"가우디, 같이 가! 오늘도 무릎이 아파서 노새를 타고 가는 거야?"
　뒤따라가던 같은 반 친구가 가우디를 불렀어요.
　"응. 무릎이 계속 아파서 말이야. 그래도 오늘은 학교에 갈 수는 있을 정도니 다행이야. 지난주에는 이틀이나 학교에 빠져서 엄마가 걱정을 많이 하셨거든."
　"그렇구나. 참, 너 어제 강가에 갔지? 무슨 생각을 그렇게 골똘히 하는지 내가 지나가다가 불렀는데 못 들은 거 같더라고."
　"아, 그랬어? 그냥 하늘 색깔도 보고 강가의 나무들이랑 이것저것 보느라고……."

가우디는 말끝을 흐렸어요. 몸이 허약한 데다 선천성 관절염을 앓고 있는 탓에 가우디는 종종 학교에 빠질 수밖에 없었지요. 그럴 때면 집 근처 강가에 나가 자연을 관찰하면서 하루를 보냈어요. 가우디가 살던 마을은 지중해 연안으로 자연환경이 아름다운 곳이었답니다. 크고 작은 산들과 넓게 펼쳐진 평야, 그 가운데 드문드문 자리 잡은 농가와 중세 시대에 지어진 뾰족탑의 성당들로 채워진 마을은 매우 평화로웠어요.

또 푸른 하늘과 날아다니는 새들, 사각거리는 나뭇잎 소리, 햇빛에 따라 색깔이 변하는 나무와 계절에 따라 피어나는 꽃들, 산들거리는 바람과 여러 가지 모양으로 변하며 흘러가는 구름, 강가에 흩어져 있는 크고 작은 바위와 들판을 뒤덮은 이름 모를 들풀, 이 모든 것이 가우디에게는 그냥 지나칠 수 없는 소중한 친구였답니다.

'저무는 해가 강물에 비치는 모습은 정말로 아름답구나. 어떻게 저런 색깔을 낼 수 있을까?'

'자연의 모습은 정말 신기해. 강물이 굽이치는 모습도 그렇고, 나무가 갖가지 모양으로 서 있는 것도 그렇고……'

가우디는 해가 지는 강가에서 그렇게 생각에 빠지곤 했

어요.

"그래도 넌 노새 타고 가니까 좋겠다. 자, 내 가방이라도 실어 줘! 그러면 네가 빠진 수업 시간에 필기한 공책을 보여 줄게."

친구는 가방을 번쩍 들어 노새의 엉덩이에 척 올려놓았어요.

"좋아, 그 정도쯤이야 뭐!"

가우디가 가방을 받아 들며 환하게 웃었어요. 노새를 타고 가던 이 남자아이는 바로 훗날 스페인을 대표하는 건축가가 된 안토니오 가우디예요.

가우디는 스페인뿐 아니라 전 세계를 통틀어 손에 꼽히는 유명한 건축가예요. 그는 아름답고도 전에 본 적 없는 독특한 건축물을 많이 설계했답니다. 덕분에 전 세계 사람들은 그의 건축물을 보기 위해 지금도 해마다 스페인의 바르셀로나로 몰려들지요.

그는 어린 시절에 관찰했던 하늘, 구름, 물, 바위 등 자연에서 영감을 얻어 그것을 건축에 응용했어요. 그래서 가우디가 설계한 건축물 대부분에서는 자연의 모습을 발견할 수 있지요.

그런데 그가 이렇게 남다른 건축물을 만들 수 있었던 힘은 과연 무엇이었을까요?

바르셀로나 건축 학교에서 가우디는 그리 뛰어난 학생은 아니었어요. 디자인 경연 대회에서도 몇 번이나 탈락했고, 졸업 작품 심사에서도 몇 번이나 떨어져 졸업마저 늦었지요.

하지만 이러한 결과는 바로 그가 다른 학생들처럼 유능한 건축가의 작품을 흉내 내기보다는 독특한 형식의 자기 작품만을 고집했기 때문이었어요. 그래서 학교에서는 괴짜라는 별명으로 불렸어요.

"가우디 군. 이번 졸업 작품은 너무 아이들 동화 같군. 아무래도 안 되겠네. 한 학기를 더 다니면서 좀 더 공부하게."

가우디를 지도하던 담당 교수는 가우디의 작품을 이렇게 평가하면서 이맛살을 찌푸리기까지 했어요.

그러나 주변 친구들은 가우디가 생계를 위해 일을 하면서도 누구보다 열심히 공부하는 것을 잘 알고 있었어요. 형편이 어려웠던 가우디는 아르바이트를 하면서 학교를 다니느라 늘 시간에 쫓겼어요. 그래서 종종 과제물을 제출하는 시간에 늦기도 했지요.

그렇다고 다른 학생들처럼 유명한 건축가의 설계를 베낀 적은 한 번도 없었어요. 오로지 스스로의 힘으로만 과제를 해결했지요. 또한 가우디는 손에서 늘 책을 놓지 않았어요. 그리고 조금이라도 짬이 생길 때면 세계 각국의 신화와 고전까지 다양한 책들을 읽었지요.

그러나 이렇게 성실하고 열정적인 가우디의 설계도가 담당 교수의 마음에는 영 들지 않았어요.

"이보게, 가우디. 대학 강당이라는 곳이 이렇게 장난스러워서야 되겠나. 내가 가르쳐 준 대로 강당은 넓고, 많은 사람들이 이용하는 공간인 만큼 실용적으로 설계해야 하네.

다시 하게."

가우디는 자신의 작품을 인정해 주지 않는 담당 교수에게 화가 났어요. 하지만 어쩔 수 없었지요. 건축 학교를 졸업하기 위해서는 담당 교수의 허락이 꼭 필요했거든요.

주변 친구들은 담당 교수의 말을 따르라고 가우디를 설득했어요. 할 수 없이 가우디는 담당 교수가 말한 대로 설계도를 수정하고 간신히 졸업을 할 수 있었어요.

이렇게 담당 교수조차 외면했던 그의 재능을 알아본 것은 가우디보다 6살이 많았던 구엘이라는 바르셀로나의 귀족이었어요. 구엘은 국회 의원을 지냈고, 섬유 회사의 사장이기도 한 아주 큰 부자였지요. 그런데 구엘은 보통 사업가들과는 달리 문화에 대한 관심이 아주 많았어요. 구엘의 꿈은 바르셀로나를 문화의 중심지로 만드는 것이었지요.

그러던 어느 날, 구엘은 프랑스 파리에

서 열린 세계 박람회에서 가우디가 만든 장갑 진열장을 보고는 첫눈에 반하고 말았어요. 가우디의 정교한 솜씨에 감탄한 구엘은 그를 초청해 자기 가문의 건축가로 임명하고 별장의 건축 설계를 부탁했어요.

"가우디 씨, 작년에 돌아가신 나의 장인을 위해 아름다운 별장을 짓고 싶습니다. 가우디 씨라면 충분히 하실 수 있다고 생각합니다만……."

"돌아가신 분을 위한 별장이라고요? 흠, 그렇다면 그리스 신화에 나오는 황금 열매 나무 이야기에서 아이디어를 가져오면 되겠군요. 맡겨 주신다면 열심히 해 보지요."

가우디의 아이디어를 들은 구엘은 무척 기뻐했어요. 이런 독창적인 가우디의 아이디어는 모두 어렸을 때부터 한시도 손에서 놓지 않은 책 덕분이었지요.

그렇게 해 마침내 '구엘 별장'이 완성되었어요. 이 별장을 본 사람들은 가우디가 만든 독특한 건축물에 큰 매력을 느끼게 되었어요. 그것은 별장이라기보다는 거대한 예술품이었거든요. 그때부터 가우디는 건축가로서 이름을 날리기 시작했지요.

이 일로 자신감을 얻은 구엘과 가우디는 바르셀로나를

한눈에 내려다볼 수 있는 펠라다 산을 그리스 신화에 나오는 파르나소스 산처럼 만들어 보기로 계획했어요. 그렇게 만들어 진 것이 지금의 '구엘 공원'이에요.

가우디는 자신이 오랫동안 꿈꾸었던 이상향을 이곳에 실현하고 싶었어요. 그래서 구불구불한 산의 모양과 자연의 모양을 그대로 살려 아름다운 공간을 만들어 냈어요. 이 구엘 공원은 훗날 가우디의 작품 중 가장 손꼽히는 작품이 되었지요.

이곳에는 떡갈나무, 야자나무, 등나무 등 펠라다 산에서 자라는 나무들만 골라 심었고, 건축물에도 비싼 재료보다는 깨진 타일, 유리 조각 등을 모아 모자이크로 장식을 했어요. 이 장식 대부분은 공원을 함께 건축한 인부들이 마을에서 주워 온 것들이었답니다.

이처럼 소박한 재료로 만들어졌음에도 불구하고 구엘 공원은 모든 것이 아름다운 조화를 이루어 신비하고 화려한 느낌을 주었어요. 그래서 이곳은 1984년에 유네스코가 지정한 세계 문화유산으로 등록되기도 했지요.

가우디는 구엘과 함께 건축가로 활동하면서 젊은 나이에 돈과 명성을 모두 손에 쥐게 되었어요. 그러자 가난한 시절에 누려 보지 못한 사치스런 생활을 하기도 했답니다. 그러나 그것도 잠시뿐이었어요.

　아끼던 조카가 죽고, 친구이자 후원자였던 구엘마저 세상을 떠나자 가우디는 외로워했고 허망함마저 느꼈어요. 세상에서 얻은 돈이나 명예가 진정한 삶에서는 의미가 없음을 깨닫게 된 것이었지요.

　그렇게 슬프게 지내던 가우디에게 어느 날 새로운 기회가 찾아왔어요. 바로 사그라다 파밀리아 성당(성가족 교회)의 설계를 맡게 된 거예요.

　이 성당의 설계는 바르셀로나의 가난한 신자들의 단체인 '성요셉 협회'가 의뢰한 것이었어요. 협회에서는 예수와 마리아와 요셉이 만든

성가족을 섬기는 성당을 만들어 달라고 했지요. 원래 이 성당은 가우디의 스승인 비야르가 맡았지만 협회와 갈등이 생기는 바람에 가우디가 대신 맡게 되었어요.

  가우디는 이 성당의 설계와 공사를 진행하면서 성경을 열심히 읽었고, 신앙심도 깊어져 마치 수도승과 같은 삶을 살았어요. 늘 가난하고 어려운 사람들을 생각했고, 자기가 편안히 지내는 것은 죄를 짓는 것이라 여겼어요. 그래서 집 난방도 거의 하지 않고, 고기도 먹지

않았어요. 옷도 누더기 같은 것만 입었지요. 그러면서 온종일 성당 설계와 공사에만 몰두했답니다.

'그래. 성당의 문은 세 곳으로 해야겠어. 예수님의 탄생과 수난, 영광을 각각 나타내는 것으로 말이야. 그리고 열두 제자를 상징하는 뾰족탑을 세우는 거야. 아무리 오랜 시간이 걸리더라도 누구도 만들지 못할 최고의 성당을 만들 거야.'

가우디는 성당의 조그만 장식 하나까지도 정성을 다해 매만졌어요. 조각상의 모델이 될 사람을 찾아 며칠을 헤매기도 했지요.

이렇게 그는 가난한 인부들과 함께 생활하면서 성당 공사에만 43년을 매달렸어요. 남루한 옷을 입은 가우디가 길을 걸을 때면 사람들이 그를 거지로 알고 동냥을 주는 일도 있었지요.

특히 세상을 떠나기 몇 년 전부터는 아예 성당에서 살면서 성당 공사에만 온 힘을 쏟았어요. 그때 이미 일흔을 넘긴 나이였는데도 가우디는 이른 아침이면 공사장에 가서 일하고, 밤이 깊어서야 잠자리에 들었어요. 그러다 보니 몸은 날로 쇠약해졌지요.

사건이 일어난 그날도 가우디는 성당 공사에 온통 마음을 빼앗긴 채 길을 걷고 있었어요. 그러다가 달려오는 전차의 소리를 듣지 못하고 그만 사고를 당하고 말았지요. 그러나 허름한 옷차림의 가우디를 알아보는 사람은 아무도 없었답니다. 사람들은 그저 거지인 줄만 알았어요.

　가우디는 병원에 도착한 지 하루가 지나서야 신분이 알려졌어요. 가우디를 찾아 나선 성당의 신부님이 크레우스 병원의 구석 병실에서 그를 찾아낸 것이었어요.

　"성당을 꼭 완공해 많은 사람들에게 예수의 사랑을 보여 주고 싶었어요. 하지만 이제 그 소망은 다른 사람에게 넘겨야겠습니다. 부디 내 뒤를 이어서 훌륭하게 성당을 마무리해 주세요."

　가우디는 이 말을 끝으로 숨을 거두었어요. 그리고 사그라다 파밀리아 성당은 공사를 시작한 1882년부터 지금까지 진행 중이에요. 1935년 스페인 내전으로 공사가 잠시 멈추었다가 제2차 세계대전이 끝난 뒤 다시 시작되었지만, 공사 비용을 헌금과 입장료만으로 대고 있기 때문에 성당이 언제 완성될지는 알 수 없다고 해요.

자연의 모습을 세심하게 관찰하기

가우디는 어릴 때부터 자연을 잘 관찰했어요. '바다 색깔은 왜 햇빛에 따라 달라질까?', '곡선의 산등성이가 굽이치는 모습은 정말 아름다워.' 등 가우디는 자연의 모양과 색을 관찰하고 그 원리를 연구했지요. 이것은 그가 만든 건축물에도 고스란히 담겨 있어요. 구엘 공원을 장식한 타일은 해가 뜨면서 질 때까지 갖가지 색깔로 햇빛을 반사하고, 밀라 저택은 파도가 일렁이는 모습을 닮았지요. 또 바트요 저택은 해골 모양을 하고 있답니다. 자연 관찰로 얻게 된 상상력이 남다른 건축물을 만들어 낸 힘이 된 것이에요.

🧑 자연에서 무언가를 배워 봐요

자연은 사람에게 많은 것을 알려 주는 교과서와 같아요. 미술가들은 자연에서 색을 배우고, 과학자들은 자연에서 과학적 원리를 배우지요. 자연이 가진 힘은 무궁무진해요. 기회가 될 때마다 자연을 관찰하고 지혜를 얻어 보세요.

주어진 환경에서 더 많이 보고 더 많이 느껴요

여행을 가서 자연 풍경이나 유적, 유물을 보게 되면 어떻게 그곳에 그런 것들이 생겨났으며, 어떠한 사람들과 관련이 있는지, 어떠한 가치가 있는지 등을 생각해 봐요. 그리고 자신만의 답을 찾아보세요. 또 나라나 지역마다 풍경이나 유물, 유적의 다른 점을 찾아보고 왜 그런지도 생각해 봐요.

자연 현상에 대해 '왜 그럴까?' 하고 생각해 봐요.

자연 현상에 대해 당연히 그렇다고만 생각하지 마세요. '왜 꽃의 모양은 서로 다를까?', '소나무는 왜 겨울에도 푸를까?' 질문하고 답도 찾아보세요.

가장 좋아하는 일을 가장 열정적으로

만화를 통해 환상의 세계를 완성시킨
월트 디즈니

월트 디즈니(Disney, Walt 1901~1966)
미국의 만화 영화감독·제작자. 상업 미술 학교를 졸업한 뒤 만화가가 되었다. 1921년부터는 영화를 만들기 시작해 1928년 미키마우스를 탄생시켰고, 1938년에는 최초의 장편 만화 영화 〈백설공주〉를 발표해 크게 성공했다. 그가 1955년 미국 캘리포니아주에 세운 디즈니랜드에는 지금까지 5억 명이 넘는 관광객이 찾았다. 이러한 공로로 그는 대중문화 역사상 가장 중요한 인물로 꼽힌다.

　1955년 7월 17일, 세계 최고의 놀이공원인 디즈니랜드가 문을 열었어요. 디즈니랜드를 세운 월트 디즈니는 이렇게 개막 인사를 했지요.
　"행복한 나라에 오신 여러분, 환영합니다. 디즈니랜드는 여러분의 나라입니다. 어른들은 이곳에서 과거의 즐거웠던 추억을 떠올릴 수 있을 것이고, 어린이들은 이곳에서 미래에 대한 꿈을 키울 수 있을 것입니다. 디즈니랜드가 전 세계 사람들에게 즐거움과 희망의 영감을 주는 근원이 되었으면 좋겠습니다. 감사합니다."
　그가 인사를 마치자 팡파르가 울리면서 색색의 풍선이 하늘로 날아올랐어요. 세계 각지에서 모여든 16만 명의 아이들과 어른들, 흑인, 백인, 황색인 등 각계각층의 사람들은 목청껏 함성을 질렀답니다. 텔레비전으로 생중계를 하

기 위해 중계차도 곳곳에 나와 있었어요.

"아, 나의 오랜 꿈이 드디어 이루어졌어. 내가 그렇게도 바라던 곳, 아이들이 마음껏 상상하며 즐길 수 있는 곳이 드디어 탄생한 거야. 디즈니랜드에서는 상상의 나라처럼 동화 속 주인공들이 어린이 곁을 걸어 다니며 즐거움을 전해 줄 거야."

월트 디즈니는 신나 하는 사람들의 모습을 보며 이렇게 중얼거렸어요.

디즈니는 어린이가 상상하는 대로 마음껏 뛰어놀 수 있는 공간을 만들기 위해 오랫동안 노력했어요. 디즈니는 상상이야말로 인간이 할 수 있는 가장 멋진 일이라고 믿었거든요.

어렸을 때부터 그림 그리기를 좋아했던 디즈니는 틈만 나면 그림을 그렸어요. 하지만 신문 배급소를 운영하던 아버지는 그런 디즈니의 모습을 싫어했지요.

"디즈니! 또 쓸데없이 만화나 그리고 있는 거냐! 꾸물거리지 말고 어서 신문 배달을 나가거라!"

"아버지, 전 만화가가 되고 싶어요. 제가 그린 만화 좀 보세요. 저는 만화만 보면 기분이 좋아져요."

"뭐라고? 만화를 보면 기분이 좋아진다니 말도 안 되는 소릴 하고 있구나. 그런 헛된 생각이나 하고 있다면 언제 부자가 되겠니? 기분이 제일 좋은 건 돈을 버는 일이야. 쓸데없는 소리는 집어치우고 신문 배달이나 다녀오너라!"

할 수 없이 디즈니는 아버지가 넘겨준 신문 뭉치를 들고 새벽마다 신문 배달을 나가야 했어요. 학교 수업을 마친 뒤에도 신문을 돌려야 했지요. 하지만 디즈니는 잠시라도 틈이 나면 어느 곳에서든 쪼그리고 앉아 연필로 뭔가를 그렸어요.

'언젠가는 꼭 신문에 만화를 그리는 만화가가 될 거야.'

당시 디즈니의 꿈은 신문에 풍자만화를 그리는 만화가가 되는 것이었어요. 하지만 그 꿈을 이해해 주지 않는 아버지 때문에 결국 디즈니는 집을 나와야 했답니다. 도시로 간 디즈니는 광고 회사에 들어갔어요. 그 회사에서는 만화 영화로 광고를 만들었는데, 디즈니는 일을 하면서 애니메이션의 매력에 푹 빠지게 되었지요.

하지만 그때만 해도 애니메이션의 움직임은 단순하고 뻣뻣해서 재미가 없었어요. 그래서 디즈니는 어떻게 하면 진짜처럼 보이게 할 수 있을까 고민하며 자연스러운 애니메이션을 만드는 일에 열중했어요. 카메라로 연습과 실험을 계속하다 보니 애니메이션에 대해 더욱 깊이 공부할 수 있었지요. 디즈니는 어느새 애니메이션 전문가로 이름이 알려졌답니다.

 회사를 나온 디즈니는 친구와 함께 영화사를 차리고 애니메이션인 〈이상한 나라의 앨리스〉 시리즈를 만들기 시작했어요. 이 작품은 다른 애니메이션보다 뛰어났지만 작품을 완성하는데 돈을 대 줄 투자자를 찾지 못했어요. 게다가 배급업자에게 사기를 당하면서 작품이 완성되기도 전에 빚만 잔뜩 지게 되었어요.

 디즈니는 끼니를 해결할 돈이 없어 며칠을 굶을 정도로 가난해졌어요. 하지만 실망하지 않고 〈이상한 나라의 앨리스〉를 가지고 영화의 도시 할리우드로 떠났어요. 이곳에서 수많은 배급사에 자신의 작품을 봐 달라고 편지를 보내 마침내 이 작품에 관심을 가진 한 사람을 만날 수 있었지요.

 그러고는 형을 설득해 돈을 빌려 작품을 만드는 스튜디오를 다시 차렸어요. 다행히 〈이상한 나라의 앨리스〉 시리즈는 관객들에게 사랑을 받았어요. 하지만 하나하나 사람의 손으로 그려야 하는 애니메이션 작업은 돈이 많이 필요했어요. 직원들의 월급을 주고 나면 결국 디즈니에게 남는 것은 거의 없었답니다.

게다가 함께 일하던 사람들에게 그가 만든 작품의 권리를 빼앗기는 일이 생겨 디즈니의 생활은 또다시 힘들어졌어요.

"아, 정말 힘들다. 아버지의 말처럼 내가 어리석은 걸까? 아니야. 난 꼭 해낼 거야. 지금보다 더 힘든 때도 있었는데 뭐. 조금만 더 노력해 보자. 여기서 포기할 수는 없어."

디즈니는 이렇게 다짐하고는 굶주린 배를 움켜쥐고 허름한 창고 방에서 그림을 그리고 또 이야기를 만들고는 했어요.

그러던 어느 날이었어요.

"찍찍."

낡은 방의 벽 틈으로 갑자기 쥐가 한 마리 기어 나왔어요. 디즈니는 처음에는 깜짝 놀랐지만 그 모습이 볼수록 귀여웠어요.

"하하. 너도 나만큼 외로운가 보구나. 배가 고픈 것 같은데? 자, 이거라도 먹어 보렴."

디즈니가 말라빠진 빵 부스러기를 던져 주자 쥐가 조심

조심 다가왔어요. 디즈니는 왠지 그 쥐가 측은해서 '몰티마'라는 이름까지 지어 주었어요. 그 뒤로도 쥐는 자주 디즈니의 방을 찾아왔지요.

디즈니는 쥐가 빵을 먹는 동안 쥐의 이런저런 몸짓을 스케치하곤 했어요. 바로 이 쥐가 세계적인 캐릭터 미키마우스의 모델이 되었답니다.

그 뒤 디즈니는 미키마우스를 주인공으로 한 만화 영화 〈증기선 윌리〉를 만들었어요.

"흠. 만화 영화에 소리와 음악이 들어가면 더 재미있을 텐데……. 어떻게 해야 할까?"

디즈니는 함께 일하던 동료들에게 자신의 생각을 말했어요. 그러나 동료들은 모두 돈 낭비일 뿐이라며 말렸지요.

"무슨 만화 영화에 대사를 넣는다는 거야? 자막만으로도 충분하다고. 디즈니, 자네는 너무 쓸데없는 것에 신경을 쓴다니까. 〈증기선 윌리〉는 내용이 재미있으니까 그냥 상영해도 돼."

"아냐. 윌리가 움직일 때마다 재미있는 음악이나 슬픈 음악이 나온다고 상상해 봐. 감동이 몇 배가 될 거야!"

"그렇다고 하더라도 그 비용은 어떻게 감당할 건데? 이

대로도 괜찮다고!"

하지만 디즈니는 포기하지 않았어요. 디즈니는 만화 영화에 대사와 음악을 넣기 위해 타고 다니던 차까지 팔아 비용을 마련했어요.

그 결과는 어땠을까요? 놀라울 정도였어요. 너무나 생동감 있는 만화 영화에 관객들은 열광했지요.

"아니, 어떻게 저런 생각을 할 수 있을까? 월트 디즈니의 상상력은 정말 놀라워!"

〈증기선 윌리〉가 상영되는 3주 동안 디즈니는 3만 통의 편지를 받을 정도로 큰 사랑을 얻었어요.

그 뒤로 디즈니가 만들어 내는 만화 영화는 매번 사람들의 눈과 귀를 즐겁게 해 주었고 덕분에 미국 대공황의 어려움 속에서도 수많은 관객들이 극장으로 모여들었어요.

"미키마우스가 재롱떠는 것을 보면 스트레스가 한순간에 날아가 버린다니까!"

"맞아. 나는 아이들 때문에 극장에 갔는데 내가 더 즐겁더라고."

MICKEY MOUSE

성공한 다음에도 디즈니는 매번 새로운 도전을 멈추지 않았어요. 고민을 거듭하는 디즈니의 열정은 미국의 영화 산업을 앞에서 이끌어 나갔답니다.

'역시 내 생각이 맞았어. 만화 영화는 힘들고 어려운 현실을 잠시나마 잊게 해 사람들을 행복하게 만들지. 흠. 그렇다면 이 귀여운 미키마우스라는 캐릭터를 다르게 활용할 수 있는 방법은 없을까?'

이렇게 고민하던 디즈니는 미키마우스라는 캐릭터를 어린이가 쓰는 칫솔, 신발, 가방 등에 그려 넣는 캐릭터 사업을 시작했어요. 캐릭터 사업은 영화보다 훨씬 큰 수입을 가져다주었지요.

미키마우스는 지금도 주변에서 자주 볼 수 있는 캐릭터예요. 사람들은 이렇게 이야기하지요. '디즈니의 모든 것은 한 마리 생쥐에서 시작되었다.'고요.

많은 돈을 벌게 된 디즈니는 드디어 어릴 때부터 꿈꾸던 놀이공원을 만들기로 결심했어요. 디즈니가 생각하는 놀이공원은 어린이들뿐 아니라 어른들도 즐겁게 놀 수 있는 곳이었지요.

당시만 해도 놀이공원이라는 곳은 이름만 놀이공원일 뿐, 보잘 것 없는 곳이 대부분이었어요. 담배꽁초가 떨어져 있는 지저분한 곳에 재미없는 놀이 기구가 몇 개 있을 뿐이었거든요. 디즈니는 부모와 아이들이 함께 마음껏 즐길 수 있는 쾌적한 공간을 만들고, 그곳에 자신이 만든 캐릭터들을 담아내야겠다고 마음먹었어요. 하지만 이번에도 주변 사람들은 반대했어요.

"이보게, 놀이공원이라니! 지금까지 번 돈을 모조리 날리고 싶은가? 차라리 그 돈으로 다른 사업을 하는 게 어때?"

"그럴지도 몰라. 하지만 멋진 놀이공원을 만드는 것은 나의 오랜 꿈이었어. 비록 돈이 많이 든다고 해도 포기하고 싶지는 않네. 내가 힘들었던 어린 시절 만화를 그리면서 상상의 나래를 펼쳐 결국 이렇게 성공한 것처럼, 아이들도 마음껏 상상의 나래를 펼 수 있는 곳을 만들고 싶네. 넓고 아름다운 놀이공원에서 환하게 웃고 있는 아이들을 상상해 보라고. 생각만 해도 멋지지 않은가?"

디즈니는 고집스럽게 디즈니랜드 공사에 매달렸어요. 공사비가 처음 계획보다 세 배나 더 들어갔지만 흔들리지 않았지요. 오히려 디즈니랜드에 심을 나무 한 그루, 놀이기구 하나도 마음에 들 때까지 바꾸고 또 바꿨어요.

디즈니랜드가 완성된 다음에도 그는 자신의 사무실까지 들려오는 아이들의 커다란 웃음소리를 들을 때면, 그 아이들 중 누군가가 자신의 뒤를 이어 멋진 만화가가 되는 것은 아닐까 상상하며 빙긋 웃음 짓곤 했답니다.

자신이 가장 잘할 수 있는 일 찾기

디즈니는 자신이 좋아하고 잘 그리는 만화로 사람들에게 어떻게 즐거움을 줄 수 있을지 계속 고민했어요. 그러다 보니 누가 시키지 않아도 애니메이션 공부를 하게 되었고, 당시 남들이 상상하지 못했던 소리가 나오는 만화 영화까지 만들 수 있었어요. 이처럼 상상력은 그저 말도 안 되는 공상이 아니라 어떻게 하면 현실이 될지 끊임없이 연구하는 것이랍니다.

자신의 특기를 찾아봐요

'난 어떤 걸 가장 잘할까?' 하고 곰곰이 생각해 본 적 있나요? 어떤 일을 할 때 가장 중요한 것은 자신을 잘 아는 거예요. '난 잘하는 거 없어.'라고 단정하지 말고 잘 생각해 봐요. 누구든 잘하는 게 몇 가지는 있기 마련이지요. 그리고 그것으로 무슨 일을 할 수 있을지 상상해 보세요.

친구들과 다르게 해 봐요

'남들이 하니까 무조건 해야지.'라고 생각하지 말고 다르게 해 봐요. 여기에 자신의 특기를 활용하면 더 좋아요. 사람들과 이야기하기를 좋아한다면 다른 친구들처럼 학원에 가서 공부하기보다는 친구들과 모여 서로 토론하며 공부하거나 서로를 가르쳐 주는 방법도 생각해 보세요.

또 옷 입기에 관심이 많다면 옷을 입을 때도 보통과 다른 여러 가지 방법을 시도해 보는 거예요. 남다른 행동은 새로운 상상력을 불러일으킨답니다.

뭔가 더 새롭고 특별하게

편리하고 매력적인 IT기기를 만든
스티브 잡스

스티브 잡스(Jobs, Steve 1955~2011)
미국 애플사의 최고 경영자. 어렸을 때부터 전자 기계에 관심이 많았던 그는 리드 대학교를 중퇴하고 1976년에 스티브 워즈니악, 로널드 웨인과 함께 애플사를 세웠다. 애플사는 매킨토시를 선보이며 큰 성공을 거두었지만, 회사가 어려워지면서 스티브 잡스는 애플사에서 쫓겨나다시피 했다. 그 뒤 픽사 회사를 인수해 〈인크레더블〉과 〈토이스토리〉 등의 영화를 제작하여 다시 크게 성공했다. 그 뒤로는 애플사의 최고 경영자로 다시 돌아와 매킨토시를 기반으로 한 아이팟, 아이폰, 아이패드 등을 잇달아 내놓으면서 세상에 모바일 혁명을 일으켰다.

"어머나, 스티브. 너 또 시계를 다 부숴 놓았구나!"

스티브의 방에 들어온 어머니가 놀라 소리쳤어요.

"부순 게 아니에요, 엄마. 어떤 원리로 돌아가는지 알아보고 다시 조립해 두려 했는데, 잘 안 되었어요. 정말이에요."

"아, 그렇구나. 스티브. 그래, 어떤 원리를 알아냈니?"

어머니는 다정한 목소리로 물으며 스티브의 머리를 쓰다듬어 주었어요. 기계에 관심이 많은 스티브가 호기심을 참지 못한다는 걸 떠올렸거든요. 스티브의 부모님은 스티브에게 '안 된다.'는 말을 하지 않으려고 노력했어요.

"시침과 분침의 톱니바퀴 크기가 달랐어요. 엄마, 그 크기 때문에 두 개의 바늘이 움직이는 속도가 서로 달랐던 거예요. 정말 신기하지요?"

금방 얼굴이 환해진 스티브는 신이 난 듯 자기가 알아낸 원리를 어머니에게 설명했어요. 자신이 관심 있는 분야에 대해 이야기할 때면 스티브의 눈은 언제나 반짝반짝 빛이 났지요. 그 모습을 보고 어머니는 다시 한번 빙그레 미소를 지었어요.

하지만 속으로 어머니의 마음은 무거웠어요. 스티브가 다니는 학교에 다녀오는 길이었거든요. 담임 선생님은 어머니에게 스티브가 학교 공부에는 도통 관심이 없다는 이야기를 걱정스레 들려주었어요.

"어머니, 스티브는 수업에 전혀 집중하지를 못한답니다. 수업 시간 내내 지루해서 몸을 비비 꼬고, 성적도 바닥이에요. 또 고집은 얼마나 센지, 다른 아이들과 늘 다투고요. 그러다 보니 친구가 없어 외톨이에요. 자료를 찾아보니 입양아라고 되어 있던데, 아무래도 그 영향이 아닌지 모르겠어요. 집에서 부모님이 좀 더 신경을 써 주셔야겠습니다."

담임 선생님의 표정이 좋지 않았어요. 어쩐지 스티브의 어머니는 선생님이 스티브에게 편견을 가지고 있는 것처럼 느껴졌지요.

"걱정을 끼쳐 죄송합니다, 선생님. 제가 좀 더 신경을 쓸

게요. 하지만 입양한 아이라서 그렇다고는 생각하지 마세요. 전 스티브가 그런 생각을 하지 않도록 최선을 다해 키우고 있답니다. 스티브는 그저 다른 아이들보다 호기심이 더 많을 뿐이에요."

스티브의 어머니는 이렇게 말하고는 교무실을 나섰지만 어깨가 축 처지고 말았지요.

말썽꾸러기에다가 고집이 세고, 싫은 것과 좋은 것이 너무도 분명했던 스티브 잡스의 어린 시절은 그리 행복하지 않았어요. 특히 자신이 미혼모의 아들이었고, 새 부모님에게 입양되었다는 사실을 알게 된 뒤부터 스티브는 다른 사람들과는 더욱 거리를 두고 자기 안으로만 파고들었지요.

또 스티브는 친구들과 사이좋게 뛰어놀기보다는 방 안에서 혼자 책을 읽거나 이런저런 상상을 하면서 지내는 일이 많았어요. 또 말 없는 기계에 애정을 쏟았지요.

하지만 이렇게 어릴 적부터 고집불통의 외골수로 부모님을 걱정하게 했던 스티브는 나중에 컴퓨터 개발자가 되어 전 세계 사람들을 깜짝 놀라게 했답니다. 그 이야기를 들어 볼까요?

스티브가 중학교에 입학할 무렵, 스티브의 가족은 로스

앨터스라는 지역으로 이사를 했어요. 그 지역은 미국 항공 우주국이 있는 곳이어서 전자 분야의 기술자들이 많이 살고 있었고, 전자 회사도 많았지요. 그러니 기계를 좋아하는 스티브에게는 아주 좋은 놀이터였어요. 특별히 친한 친구가 없는 스티브는 학교가 끝나면 그런 기술자들의 작업실로 놀러 가 전자 부품들을 살펴보고, 설명을 듣거나 실험을 해 보곤 했지요.

그러던 어느 날 스티브는 머릿속에 아이디어가 갑자기 떠올라 뭔가를 조립하고 있었는데, 부품 하나가 부족했어요. 스티브는 전화번호부를 뒤져 어디론가 전화를 걸었답니다.

"안녕하세요. 저는 로스앨터스에 사는 스티브 잡스라고 하는데요. 필요한 부품이 있는데 구할 수 있을까 해서 전화를 드렸어요."

그러자 전화를 받은 사람이 크게 웃으며 말했어요.

"스티브라고 했니? 너 여기가 어디인 줄은 알고 전화한 거냐?"

"휴렛팩커드잖아요. 그리고 아저씨는 그곳 사장님이니까 이런 부품쯤은 구해 주실 수 있을 것 같아서요."

휴렛팩커드는 당시 미국에서 꽤 큰 전자 관련 회사였어요. 그러니까 스티브는 전화번호부를 뒤져 다짜고짜 그 회사의 사장실로 전화를 한 것이지요.

"하하. 정말 대단한 아이로구나. 필요한 부품은 보내 주마. 그런데 혹시 우리 회사에서 아르바이트하고 싶은 생각 있니?"

"아르바이트라고요? 네, 좋아요. 곧 여름 방학이니까 찾아갈게요."

여름 방학이 시작되자마자 스티브는 휴렛팩커드를 찾아갔어요. 스티브는 그곳에서 아르바이트를 하며 컴퓨터가 만들어지는 과정을 가까이 살펴볼 수 있었지요. 그것은 매우 흥미로웠어요.

'그래, 머지않아 사람들은 회사뿐 아니라 집에서도 개인용 컴퓨터를 쓰게 될 거야. 그러려면 컴퓨터가 많이 필요하겠지? 컴퓨터를 만드는 회사들도 점점 많아

질 거야. 아, 나도 사람들이 좋아하는 컴퓨터를 만들어 보고 싶어.'

이렇게 생각한 스티브는 그때부터 컴퓨터 연구에 몰두했어요.

하지만 그것도 잠시, 어느새 사춘기에 접어들어 청소년이 된 스티브는 방황하기 시작했어요. 친부모에 대한 생각이 늘 마음 한구석에서 스티브를 괴롭혀 왔기 때문이었어요. 스티브는 술과 문학, 동양 사상에 푹 빠져 지냈답니다.

그리고 대학에 가면 평소 좋아하던 전자학이나 기계학보다는 철학을 전공해야겠다고 마음먹었지요. 그래서 집에서 거리도 먼 리드 대학교 철학과에 지원했어요.

"스티브. 아버지는 네가 전자나 기계에 대한 공부를 할 거라고 생각했단다."

"네, 아버지. 그것도 좋아요. 하지만 지금은 동양 사상을 연구하고 싶어요."

"하지만 오랫동안 아버지가 지켜본 바로는 너는 전자나 기계 쪽에 재능이 있는 것 같아."

"네, 알아요. 아버지. 하지만 지금은 아니에요."

아버지가 설득했지만 스티브는 듣지 않았어요. 한 가지

일에 몰두하면 다른 쪽은 돌아보지 않는 아들의 성격을 잘 아는 아버지는 더 이상 말리지 못했지요. 하지만 막상 대학교에 입학하고 나자 스티브는 학교에서 배우는 철학이 자신이 생각한 것과는 많이 다르다는 것을 깨닫게 되었어요. 스티브는 아무런 미련 없이 학교를 그만두었지요. 그러고는 작은 게임 회사에 취직을 했어요.

 '지금은 부모님을 걱정시키지 않기 위해서라도 취직을 하는 게 좋겠어. 하지만 언젠가는 모든 사람을 깜짝 놀라게 할 만한 컴퓨터를 만들고 말 거야.'

 부모님은 대학을 중퇴한 스티브가 직장 생활을 시작하자 마음을 놓았어요. 하지만 스티브는 여기에서 만족하지 않았어요. 그리하여 1976년, 자신의 컴퓨터 회사를 차리게 된답니다. 평소 친하게 지내던 워즈니악과 함께였지요.

 두 사람은 가난했지만 의욕만큼은 하늘을 찔렀어요. 컴퓨터 부품을 살 돈을 마련하기 위해 스티브는 차를 팔았고, 워즈니악은 당시 매우 비쌌던 자기 계산기를 팔았어요. 그들은 그렇게 돈을 마련해 처음으로 완성한 컴퓨터에 '애플'이라는 이름을 붙였어요. 하지만 이 컴퓨터는 부족한 점 투성이었지요.

그러나 두 사람은 실망하지 않았어요. 스티브는 이전보다 더 나은 제품을 만들기 위해 그 연구에 투자를 해 줄 사람을 찾았어요. 그리고 스티브의 적극적인 태도와 확신에 마침내 투자자가 나타나 애플 컴퓨터는 연구에 박차를 가할 수 있었답니다.

"이봐, 워즈니악. 이번에 개발한 애플Ⅱ를 가지고 박람회에 나가 보는 게 어떨까?"

스티브가 애플Ⅱ를 만지작거리며 말했어요.

"글쎄. 좀 더 보완해야 하지 않을까? 박람회에는 어마어마한 컴퓨터들이 많이 나올 텐데……."

"아니야. 이 정도면 훌륭해. 디자인도 뛰어나고 말이야. 우리는 분명 성공할 거야."

스티브의 설득으로 두 사람은 박람회에 참석했어요. 그리고 스티브의 말처럼 애플Ⅱ는 순식간에 300대가 넘게 팔려 나갔지요. 그 이유는 애플Ⅱ가 다른 컴퓨터들보다 디자인이 훨씬 좋은데다 명령어가 단순해 사용하기가 편리하기 때문이었어요. 계속되는 주문에 회사는 쑥쑥 커 나갔지요. 덕분에 돈도 많이 벌게 되었어요.

그러자 스티브는 자신의 판단만으로 회사를 움직이기

시작했어요. 어린 시절의 고집이 다시 고개를 내민 것이었어요.

"흠, 아무래도 첫 화면이 마음에 안 들어. 좀 더 예쁘게 바꿔 봐야겠어. 다시 해 봐."

"사장님, 이건 이미 결정된 것이잖아요. 이걸 다시 바꾸려면 시간도 오래 걸리고 비용도 너무 많이 들어요."

"상관없어. 첫 화면은 그만큼 중요하니까 말이야. 대신 좀 서두르게나."

하지만 스티브의 욕심대로 컴퓨터의 외양에 너무 신경을 쓰자 만드는 가격이 계속 올라갔고, 애플 컴퓨터의 판매는 뚝 떨어졌어요.

"스티브 때문에 회사에 손해가 막심합니다. 뭐든 자기 마음대로만 하려고 하면 어떻게 합니까?"
"스티브가 더 이상 회사 경영에 참여해서는 안 됩니다!"
스티브에 대한 회사 임원들의 불평은 점점 높아졌어요. 결국 그는 회사를 세운 지 10년 만에 임원들에 의해 애플사에서 쫓겨나고 말았지요. 그 충격으로 한동안 혼자만의 시간을 보낸 스티브는 자신의 부족한 점을 인정했어요.
'그래. 내 잘못이 컸어. 내가 아는 것만이 전부가 아니었는데. 이제 겸허한 마음으로 내가 몰랐던 것들을 배워 보자. 그러면 그것을 토대로 뭔가 새로운 것을 만들어 낼 수 있을 거야.'

이렇게 생각한 스티브는 '넥스트'라는 회사를 세우고 보다 편리한 컴퓨터 기술을 연구했어요. 사람들이 흥미를 가지는 것, 좋아하는 것을 컴퓨터와 연관시켜 보려고도 했지요. 그리고 지금까지 사람들이 알지 못했던 새로운 컴퓨터 애니메이션 〈토이스토리〉를 만들어 세상을 놀라게 했어요. 이 애니메이션은 큰 성공을 거두었지요. 스티브는 이 성공으로 다시 자신감을 회복할 수 있었어요.

그러던 중, 어려움을 겪고 있던 애플사에서 스티브에게 다시 회사를 맡아 줄 것을 부탁해 왔어요. 스티브는 기꺼이 그러기로 하고 넥스트와 애플을 하나의 회사로 합쳐 최고 경영자의 자리에 올랐지요.

애플사로 돌아온 스티브는 평범한 컴퓨터로는 더 이상 소비자들의 마음을 사로잡을 수 없다고 생각했어요.

'뭔가 새롭고, 편리하고, 매력적인 게 필요해. 과연 그게 뭘까?'

스티브는 고민하고 또 고민했어요. 그리고 마침내 컴퓨

터에 있는 음악과 영화를 옮겨 담아서 휴대할 수 있는 미디어 플레이어 '아이팟'을 세상에 내놓았어요.

　아이팟은 대단한 인기를 끌었어요. 이 인기가 다 사그라지기도 전에 스티브는 다시 '아이폰' 개발에 성공했지요. 아이폰은 전화는 물론 인터넷, 영화, 음악 감상까지 모두 가능한 장치예요. 또 2010년에는 아이폰의 기능에 전자책 기능을 더한 '아이패드'를 발표했답니다.

　비록 사람들의 아쉬움 속에 췌장암으로 세상을 떠났지만 스티브 잡스는 정보 기술 분야를 완전히 뒤흔든 창의력의 거인으로 평가받고 있어요.

평범한 것을 특별하게 만들어 보기

스티브는 어릴 때부터 기계의 작동 원리를 알아보는 것을 좋아했어요. 그러다 컴퓨터의 세계로 빠져들었지요. 하지만 그저 평범한 컴퓨터로는 만족하지 않았답니다. '뭔가 다른, 사람들이 꼭 가지고 싶어 하는' 그런 컴퓨터를 만들고 싶어 했어요. 또 '컴퓨터로 그림도 그리고, 책도 읽고 음악도 들을 수 있다면 얼마나 신 날까?' 하는 상상을 늘 해 왔지요. 이처럼 특별함을 좋아하는 스티브의 열정은 세상을 바꾸게 되었어요.

자신의 미래를 상상하세요

여러분의 1년 뒤 모습은 어떨지, 10년 뒤의 직업은 무엇일지, 20년 뒤의 세상은 어떻게 변해 있을지 계속 상상해 보세요. 길을 걸을 때도 좋고, 잠들기 전에도 좋아요. 이런 생각은 자신의 꿈과 상상력을 키우는 데 큰 도움이 된답니다.

단점을 장점으로 바꿔 보세요

사람은 누구나 단점이 있어요. 하지만 단점이 있다고 해서 어떤 일을 못하라는 법은 없어요. 단점을 장점으로 바꿀 수도 있거든요. 스티브 잡스 역시 한 가지 일에 빠지면 다른 것은 돌아보지 못하는 단점이 있었답니다. 하지만 이 단점을 컴퓨터 개발이라는 한 가지 일에 쏟아부어 결국 성공할 수 있었지요.

새로운 것에 관심을 가져요

새로운 기계가 나오면 어떤 원리로 작동되는지 알아보고, 새로운 용어를 보면 어떤 뜻일지 짐작해 보세요. 또 새로운 친구를 만나는 것에도 적극적이면 더 좋지요.

불가능해 보이는 꿈이라도 계속 도전하자

새처럼 하늘을 나는 꿈을 이룬
라이트 형제

라이트 형제
(Wright, Wilbur 1867~1912 / Wright, Orville 1871~1948)
미국의 비행기 제작자. 자전거 가게를 운영하면서 비행기에 관심을 갖고 실험을 시작했다. 1903년 형제는 직접 만든 가솔린 기관을 단 동력 비행기를 조종하여 역사상 처음으로 하늘을 나는 데 성공했다. 두 사람 모두 평생 결혼도 하지 않은 채 비행기 연구에 매달렸고, 비행기 제작 회사인 아메리칸 라이트를 설립하기도 했다. 그러나 형 윌버가 세상을 떠난 뒤로 동생 오빌은 회사를 팔고 비행기 연구에만 전념했다.

"라라라라."

자전거 가게 안에서 형 윌버가 노래를 흥얼거렸어요. 그때 가게 안쪽에서 자전거 바퀴를 갈고 있던 동생 오빌도 같은 노래를 부르기 시작했어요.

"어? 형. 그거 내가 하려던 노래인데!"

"정말? 내가 노래를 흥얼거리면 너도 꼭 그 노래를 부르더라."

두 사람은 마주 보면서 웃었어요. 자전거 가게를 운영하는 윌버와 오빌 두 형제는 어렸을 때부터 유난히 죽이 잘 맞았어요. 또 일하다가 거의 동시에 같은 노래를 흥얼거릴 정도로 마음도 잘 통했지요. 그뿐만이 아니었어요. 두 사람은 똑같이 담배를 피우지 않았고, 술도 마시지 않았어요. 고등학교를 중퇴한 것도 결혼을 하지 않은 것도 서로 같았지요.

특히 둘은 기계를 좋아하고 자전거에 관심이 많았어요. 당시는 고무 타이어를 가진 자전거가 처음 만들어져서 큰 인기를 끌고 있을 때였어요. 두 형제는 모두 자전거의 매력에 빠져들었고, 곧 친구들의 자전거를 손수 수리해 줄 정도의 실력까지 갖추었어요.

그리고 어느새 자전거에 대해서는 둘을 따라올 사람이 없을 정도로 탁월한 전문가가 되었답니다. 덕분에 '라이트 자전거 상회'라는 가게도 열게 되었지요. 가게 역시 자전거에 대한 형제의 열정만큼이나 날로 번창해 시내에 네 곳이나 분점을 냈어요.

그런데 이렇게 닮은 두 형제에게도 서로 다른 점이 하나 있었어요. 동생 오빌은 무언가를 분해해 작동 원리를 살펴보기를 좋아하고, 형 윌버는 직접 만지는 것보다는 공상하기를 좋아한다는 점이었지요.

그러던 어느 날이었어요.

"오빌, 이거 봐. 독일의 오토 릴리엔탈이라는 사람이 글라이더를 타고 하늘을 날려고 했대."

윌버가 신문을 내밀었어요.

WEST SIDE NEWS

TO LiLiEnthal

"와! 멋지다, 형. 꼭 박쥐 날개 같아. 어떻게 나는 건데?"

"이 날개를 달고 언덕에서 달려 내려오면 바람을 타고 하늘을 날 수 있대. 하지만 쉽지는 않은가 봐. 이 사람이 지난주 일요일에 강풍 때문에 떨어져 죽었다는데?"

"이런. 안됐네."

"그런데 말이야, 오빌. 다른 방법으로 하면 될 것 같아. 그냥 날개를 다는 게 아니라 뭔가 조정을 할 수 있으면 어떨까? 생각해 보면 새들도 결국 자기 날개를 조정해서 나는 거잖아."

"맞아, 형. 곤충이나 새들은 날 수 있는데, 사람이라고 못하겠어? 그렇게만 된다면 정말 멋진 일이 될 텐데!"

이 두 사람이 바로 인류가 하늘을 날 수 있게 해 준 라이트 형제예요. 1899년 라이트 형제가 처음으로 실험용 연을 만들었을 때만 해도 인간이 비행기를 타고 하늘을 난다는 생각은 달에 간다는 생각만큼이나 황당했지요. 그래서 주변에서는 비난도 많이 했어요.

하지만 그로부터 단 10년 만에 비행기 회사가 생겨났고, 1911년에는 최초로 미국 대륙 횡단 비행이 성공했답니다. 1952년에는 제트 여객기가 취항한데다 1957년에는 세계 최초의 인공위성까지 쏘아 올려졌어요.

 하늘에서의 이 엄청난 진보는 바로 라이트 형제에게서 시작된 셈이에요. 라이트 형제는 뛰어난 상상력과 노력으로 마침내 인간을 하늘의 세계로 이끌어 낸 것이지요.

 오토 릴리엔탈의 사건이 있은 뒤, 두 사람은 서로 뜻을 모아 비행에 관한 책을 구해 읽으며 비행기의 원리에 대해 연구했어요. 평소 성격처럼 하늘을 나는 기계를 만들면 좋겠다는 생각을 먼저 한 것은 윌버였지만, 그 생각을 행동으로 옮긴 것은 오빌이었어요. 오빌은 여러 가지 연을 만들며 실험을 시작했답니다,

 윌버는 미국 워싱턴에 있는 스미소니언 연구소에 편지를 보내 비행 실험에 관한 자료를 요청했어요. 그러자 연구소에서는 한 묶음의 자료를 보내 주었지요. 또 비행기가 뜨는 데 적당한 바람이 있는 곳을 알아보기 위해 기상청에 바람이 가장 센 지역을 조사해 달라고 했어요.

 그렇게 해서 알게 된 곳은 노스캐롤라이나주의 키티호크라는 작은 어촌 마을이었어요. 두 사람은 비행기 연구를 위해 키티호크로 떠나기로 했답니다. 비행기를 실험하기 위해서는 사람이 없는 넓은 장소가 필요했거든요.

하지만 사람들은 형제를 비웃었어요.

"뭐? 기계를 타고 하늘을 난다고? 말도 안 되는 소리일세. 사람이 새도 아니고 어떻게 날아? 자전거 가게가 잘 되니까 뭐든 다 될 거라는 생각을 하는 모양이네."

"그곳이 얼마나 황량한 곳인데 거길 가서 사서 고생을 하려는 거람. 분명히 한 달도 못 되어 돌아오고 말걸?"

하지만 두 사람은 그곳에 머물면서 비행기를 실험하고 또 실험했어요. 그곳의 모래바람은 어찌나 심한지 밤이면 잠도 잘 수 없을 정도였지요. 추운 겨울밤이면 두 형제는 옷을 두세 겹 껴입은 채 이불까지 둘둘 말고 침대에 누워 이런저런 이야기를 나눴어요.

"형, 비행기가 성공하면 이제 사람들은 기차나 배를 타지

않고 하늘을 날아서 유럽까지 갈 수 있겠네?"

"그럼! 머지않아 그렇게 될 거야. 시간도 훨씬 빨라질 거고. 상상해 봐. 그때를 말이야. 아마 커다란 비행기가 사람들을 가득 싣고 세계 곳곳으로 날아갈 거야."

윌버가 또박또박 설명했어요.

"와, 생각만 해도 정말 신난다. 지난 가을에 잠깐 비행했을 때의 기분이 아직도 잊혀지지가 않아. 봄까지 글라이

더의 재질을 다른 것으로 바꿔 봐야겠어. 그리고 모터는 어떻게 하지? 지금은 모터가 너무 무거워. 좀 더 가벼운 게 필요해."

"너무 조바심 내지 마, 오빌. 비행기는 분명 뜰 거야. 네가 모터를 보는 동안 나는 프로펠러를 좀 더 연구해 볼게. 자, 얼른 자자. 내일도 아침 일찍부터 작업을 시작해야 하니까 말이야."

그렇게 3년이 흘렀을 무렵, 두 형제가 연구하고 실험한 자료는 공책 다섯 권에 빼곡하게 정리가 되었어요. 그리고 마침내 비행기를 완성할 수 있었답니다. 완성한 비행기 날개의 길이는 12미터가 넘는 커다란 모습이었어요. 라이트 형제는 이 비행기의 이름을 '플라이어호'라고 불렀어요. 플라이어호는 그냥 날개만 가진 비행기가 아니라 동력을 이용한 최초의 비행기였지요.

드디어 1903년 12월 17일, 시험 비행 날짜가 잡혔어요.

끝없이 펼쳐진 모래사장에서 두 형제는 악수를 나누었어요. 두 사람은 동전 던지기로 먼저 비행기를 조종할 사람을 정했어요. 오빌이 이겼지요.

"형, 이번에는 꼭 하늘을 날겠지?"

"그럼, 잘될 거야. 혹시 실패하더라도 또 하면 되니까 너무 걱정 마. 우린 아직 젊잖아."

형 윌버가 동생 오빌의 어깨를 두드렸어요. 지난 3년 동안 춥고 삭막한 노스캐롤라이나주 키티호크에서 하늘을 나는 비행기를 만들기 위해 노력해 온 결실이 바로 눈앞에 와 있었어요. 하지만 이 역사적인 현장에 모인 사람은 남자 네 명, 어린 소년 한 명, 그리고 일곱 명의 인명 구조 대원들뿐이었어요. 사람들은 비행기를 활주로까지 밀어 주면서 미심쩍은 듯 이렇게 물었지요.

"이렇게 무거운 게 정말 뜨긴 뜨나요?"

"그럼요! 비행기 무게가 아마 320킬로그램이 넘을 거예요. 하지만 프로펠러의 추진력이 비행기를 뜨게 하지요. 이제 곧 보게 될 겁니다."

윌버가 대답했어요.

"아, 사진 좀 찍어 주세요. 비행기가 활주로 끝에 오면 셔터를 꾹 누르면 돼요."

오빌이 사진기를 세우고 활주로의 끝 부분에 초점을 맞춘 뒤 한 사람에게 부탁했어요.

"알겠소. 부디 성공하시오."

그리고 오빌은 조종석으로 올라갔어요. 하지만 지켜보는 다른 사람들의 표정은 어두웠어요. 그러자 윌버가 앞으로 나섰어요.

"자, 그렇게 슬프게 바라보지 말고, 오빌에게 박수라도 좀 쳐 주세요. 이건 역사에 길이 남을 사건이 될 거예요!"

하지만 사람들은 박수를 치며 마냥 축하할 수만은 없었어요. 혹시라도 잘못하면 오빌이 목숨을 잃을 수도 있었으니까요.

드디어 털털털 소리를 내며 비행기 엔진이 돌아가기 시작했어요. 오빌이 신호를 보내자 윌버는 비행기를 묶어 놓은 줄을 풀었지요. 윌버는 활주로 끝까지 비행기와 함께 달렸어요.

플라이어호는 바람을 타고 하늘로 천천히 떠올랐어요. 성공이었어요.

"와와!"

12명의 함성은 모래사장을 날려 버릴 듯했어요. 12초의 짧은 시간이었지만 동력으로 하늘을 난, 최초의 비행이었답니다.

불가능한 일이 이루어지는 상상해 보기

역사를 살펴보면 상상력이야말로 불가능한 일을 가능하게 하는 원동력임을 알 수 있어요. 새처럼 날고 싶은 인간의 꿈은 비행기를 만들었고, 노동에서 벗어나고 싶은 인간의 열망은 로봇을 탄생시켰지요. 바로 상상력이 인류의 발전을 이끌어 온 셈이에요. 라이트 형제는 하늘을 나는 상상을 수없이 하고 또 했던 그 시절에 대해 훗날 이렇게 말했어요.

"나는 비행을 했을 때보다 그 전에 더 큰 전율을 느꼈다. 바로 인류 처음으로 비행하는 것이 얼마나 짜릿한지 침대에 누워서 상상을 할 때였다."

자신이 좋아하는 것을 공부해 봐요

자신이 정말 좋아하는 것이 무언지 곰곰이 생각해 보세요.

애니메이션을 좋아하거나 노래 부르기를 좋아하는 친구도 있을 거예요. 그렇다면 즐기는 것으로 끝나지 말고 그 분야에 대해 공부해 보세요. 그러면 그 분야에 깊은 지식을 가지게 되고, 그것과 관련된 상상도 할 수 있게 돼요.

사물을 볼 때 "왜 그럴까?" 하고 질문해 봐요

사물을 볼 때 "왜?", "어떻게?"라는 질문을 자주 해 보세요. "왜 자전거 바퀴 두 개는 크기가 서로 같을까?", "자동차는 어떠한 원리로 움직일까?" 하는 질문을 자주 해 보면 상상력뿐 아니라 창의력도 키울 수 있답니다.

관찰과 실험으로 호기심을 해결해

화가이자 과학자였던
레오나르도 다빈치

레오나르도 다빈치(Leonardo da Vinci 1452~1519)
이탈리아의 화가·조각가·건축가. 이탈리아 피렌체의 가난한 마을에서 태어나 15살부터 회화와 조각을 배웠고, 그 뒤 17년간 밀라노에서 〈성모자〉, 〈모나리자〉, 〈최후의 만찬〉 등의 작품을 그렸다. 말년에는 그림보다는 신체 기관 연구에 매달려 해부학 분야에 큰 업적을 남겼다. 이외에도 천문학, 물리학, 지리학, 토목학, 조병학(전쟁 기구를 만드는 것), 생물학 등 다양한 분야에서 독창적인 연구와 발명을 남겼으며, 음악에도 뛰어난 소질이 있었다.

"레오나르도야. 건넛마을 농부 줄리오 아저씨가 네가 그림을 잘 그린다는 이야기를 들으시고 부탁을 하나 하셨어. 이 방패에 그림을 그릴 수 있겠니?"

외출에서 돌아온 아버지가 레오나르도에게 이렇게 물었어요.

"어떤 그림을 그리면 되는데요?"

"아무래도 방패니까 사람이나 동물이 겁내는 그런 무서운 그림이면 좋겠지?"

"네, 해 볼게요, 아버지."

어린 레오나르도는 이미 마을에서 그림을 잘 그리기로 소문이 자자했어요. 아버지는 그런 아들이 내심 자랑스러웠지요.

자기 방으로 돌아온 레오나르도는 방패에 어떤 그림을

그릴지 골똘히 생각에 빠졌어요.

'누구나 겁낼 만한 그림이라면 어떤 것이 좋을까?'

한참을 생각하던 레오나르도는 갑자기 커다란 가방을 들고 밖으로 나갔어요. 그 길로 뒷산으로 올라가 도마뱀과 귀뚜라미, 뱀, 나비, 메뚜기, 박쥐를 비롯해 다양한 모습의 동물과 곤충을 잡아 가방에 잔뜩 담아 돌아왔지요. 그러고는 그날부터 방에 틀어박혀서 동물과 곤충들을 관찰하기 시작했어요.

며칠이 지난 어느 날이었어요. 아들 방에 들어온 어머니가 기겁을 하며 소리쳤어요.

"아니, 얘야. 이게 다 뭐냐? 이런 것들을 방 안에 두다니……. 넌 무섭지도 않니?"

그러자 레오나르도가 빙긋 웃으며 대답했어요.

"아니에요. 자세히 살펴보면 신기하기만 한 걸요. 그림을 다 그리면 치울 테니 너무 걱정하지 마세요."

그림을 다 그리고 난 뒤, 레오나르도는 아버지에게 방패를 가져갔어요.

"이, 이게 도대체 뭘 그린 거냐?"

아버지는 난생 처음 보는 끔찍한 그림에 놀라 말도 제대

로 하지 못할 정도였어요. 그러나 레오나르도는 빙긋 웃었지요.

"동물의 무서운 부분만 모아서 그린 그림이에요. 파충류의 다리와 도마뱀의 피부, 뱀의 독……. 아버지가 그러셨잖아요. 방패니까 무서운 그림이 필요하다고요. 그런데 꼼꼼히 살펴보니 어떤 동물도 완벽하게 다 무섭지는 않더라고요. 그래서 고민하다가 각 동물들의 무서운 부분만을 하나씩 따서 그리면 가장 무섭겠다고 상상해서 그린 거예요."

아버지는 아들의 그림 실력이 탁월하다는 것은 이미 알고 있었지만 이렇게 훌륭하고 창의적인 그림을 그려 내리라고는 상상하지 못했어요. 아버지는 뛰어난 재능을 가진 아들에게 다시 한번 놀랐어요. 그러고는 그 방패를 줄리오 아저씨에게 주지 않고 이탈리아 피렌체의 한 상인에게 팔았어요. 나중에 그 상인은 방패를 다시 밀라노의 공작에게 몇 배의 가격으로 되팔았지요.

이 아이가 바로 〈모나리자〉나 〈최후의 만찬〉과 같은 훌륭한 그림을 그린 레오나르도 다빈치예요. 많은 학자들이 역사상 가장 뛰어난 상상력을 가졌던 인물로 레오나르도 다빈치를 꼽는데, 이것은 그림뿐 아니라 다양한 분야에서 그가 남긴 자료들 때문이랍니다.

　레오나르도는 그림뿐만 아니라 조각, 건축, 과학, 음악 등의 분야에 대해서도 오랫동안 연구를 해 큰 성과를 남겼어요. 이 성과들은 그가 쓴 공책에 담겨져 지금까지 전해지고 있지요.

　이 많은 성과들은 대부분 그가 자연과 사물을 관찰해서 얻은 것들이었어요. 그러나 무조건 관찰하기만 한 것은 아니에요. 레오나르도는 관찰에서 얻은 결과를 바탕으로 상상하기를 즐겼답니다. 그리고 호기심도 대단했지요.

　"아버지, 번개가 친 다음에는 왜 천둥소리가 나는 거예요?"

　"세상에서 가장 큰 수는 뭐예요?"

　"사람은 왜 날 수 없어요?"

　레오나르도가 이렇게 질문을 쏟아 낼 때면 아버지나 선생님은 진땀을 뻘뻘 흘렸어요. 아버지나 선생님이 딱 부러진 답을 해 주지 않으면 레오나르도는 며칠을 낑낑거리면서 그 질문에 대한 답을 스스로 풀어내려고 했지요. 그리고 해답을 풀어내는 힘은 대부분 상상력이었답니다.

　'새들은 날 수 있는데, 왜 사람은 날 수 없을까? 날개 때문

일까? 그렇다면 사람도 날개를 달면 날 수 있겠지? 날개의 크기는 어느 정도가 적당할까? 두께는?'

그는 이런 생각을 하면서 며칠 동안 하늘을 나는 새만 바라보곤 했어요.

"이봐. 레오나르도. 거기서 또 뭘 보고 있는 거야?"

동네 친구인 베키오가 달려와 레오나르도의 어깨를 쳤어요.

"아, 새가 하늘을 나는 게 신기해서 보고 있었어."

"뭐라고? 새가 하늘을 나는 건 당연하지. 새잖아."

베키오는 말도 안 되는 소리를 한다는 듯 대꾸하며 숨을 헐떡였어요.

"사람도 새처럼 날 수 있다면 헉헉거리고 뛰어다니지 않아도 될 텐데……."

"넌 너무 쓸데없는 생각을 많이 하는 것 같아. 새는 새니까 날고, 사람은 사람이니까 뛰거나 걷는 거잖아."

베키오는 답답해하는 표정을 지었지만 레오나르도는 머

릿속으로 계속 상상을 했어요.

'그래, 문제는 공기의 저항이야. 그걸 이기는 기계를 만들어 내면 사람도 하늘을 날 수 있겠어.'

레오나르도는 이렇게 실험하고 관찰한 것에 상상력을 불어넣어 자신만의 해답을 찾아냈어요. 또 머릿속에 떠오르는 궁금증과 아이디어를 항상 그림과 함께 공책에 기록했지요. 이 습관은 나이가 들어서까지 계속되었어요.

아버지는 어린 레오나르도를 당시 이탈리아 피렌체의 유명한 화가였던 안드레아 델 베로키오에게 보냈어요. 아들이 장차 훌륭한 화가가 될 것이라고 믿었거든요. 그리고 얼마 지나지 않아 베로키오는 '나는 물감에 다시는 손을 대지 않겠다.'라고 맹세했어요. 레오나르도가 스승을 훨씬 넘어서는 실력을 뽐냈기 때문이지요.

레오나르도는 6년 뒤에 약제사와 물리학자, 예술가들의 단체인 한 조합에 들어가게 되었어요. 이 조합에서 레오나르도는 관찰의 중요성을 더욱 절실히 깨닫고는 해부학을 공부하기 시작했어요. 해부학을 공부하자 그의 그림은 더욱 사실감이 넘치고 생생해졌어요.

그러던 어느 날이었어요. 레오나르도는 밀라노의 군주

인 루도비코 스포르차 공작이 돌아가신 아버지를 추모하기 위해 청동 기마상을 만들고 싶어 한다는 소식을 들었어요. 기마상은 말을 타고 있는 모양의 조각이지요. 그 기마상을 제작하는 것이 좋은 경험이 될 거라고 생각한 레오나르도는 스포르차 공작에게 이렇게 편지를 썼어요.

> 공작님. 저는 그동안 여러 가지 물건을 만들어 왔습니다. 하지만 청동 기마상은 아직 경험이 없어 꼭 도전해 보고 싶습니다. 제가 만든 청동 기마상은 명예로운 스포르차 가문을 영원토록 추억하게 할 기념물이 될 것입니다. 제게 꼭 기회를 주시기 바랍니다.

편지를 읽은 스포르차 공작은 레오나르도의 능력을 알아보고는 그를 밀라노로 불렀어요. 더욱이 스포르차 공작은 밀라노를 피렌체에 버금가는 문화의 중심지로 만들고 싶어 했기 때문에 레오나르도의 도움이 꼭 필요했지요.

그렇게 해서 레오나르도는 기마상 제작에 들어갔어요.

"선생님, 기마상이라면 먼저 말을 그려야 하는데, 말이 계속 움직이니 스케치하기가 쉽지 않겠는데요?"

조수인 안드레아 살라이가 걱정스러운 듯 물었어요.

"글쎄, 말이 움직여서 어려운 것이 아니라 어떻게 하면 말을 역동적으로 표현할 것이냐가 문제겠지. 관찰도 중요하지만 가장 멋진 말의 포즈를 잡아내는 것은 바로 상상력일세. 나는 잠깐 마을의 말 우리에 들렀다 오겠네."

그리고 한 마을의 말 우리 앞에 도착한 레오나르도는 말의 움직임을 오랫동안 관찰했어요. 그러고는 스케치를 시작했지요.

어느덧 주변이 어둑해졌어요. 날이 어두워지자 조수는 레오나르도를 찾아와 투덜거렸어요.

"아직도 여기 계셨어요? 아무리 기다려도 오지 않으셔서 얼마나 찾아다녔는지 몰라요. 점심도 안 드셨잖아요. 날이 어두워져서 이제 길도 잘 보이지 않는데 어서 그만 들어가시지요."

"벌써 시간이 이렇게 되었나? 그러고 보니 배가 고프긴 하군."

레오나르도가 두 팔을 힘차게 뻗어 기지개를 켜면서 대답했어요.

"선생님 실력이면 이제 말 정도는 쉽게 그리실 텐데 왜 이런 고생을 하시는 거예요?"

"하하. 아닐세. 머릿속의 것만을 그린다면 어찌 화가라 할 수 있겠나? 그림은 상상만으로도, 관찰만으로도 완성되는 게 아니야. 둘의 조화가 중요하지. 게다가 말의 움직임이 이렇게 아름다우니 어떤 면을 포착할지 마음이 설레어 시간 가는 줄을 몰랐네."

"아무튼 그 열정은 정말 대단하세요."

레오나르도는 그림뿐 아니라 운하나 궁전 설계도 맡아 했어요. 여러 기계도 설계했지요. 그중에는 날아다니는 기계, 헬리콥터, 낙하산뿐 아니라 오늘날 소방서에서 사용하는 접이식 사다리, 접어서 사용할 수 있는 가구, 안락의자, 장갑차까지 있었어요. 이 모든 것은 그의 관찰과 상상력이 함께 어우러져 탄생한 작품이었어요. 이것은 또 그의 공책에 기록으로 남아 오늘날까지도 전해지고 있답니다.

다양한 감각 활용하기

레오나르도 다빈치는 매일 떠오르는 호기심의 답을 찾기 위해 끊임없이 사물을 관찰했어요. 실험 정신도 대단했지요. 글이나 말보다는 뭐든지 경험해 보려고 했고, 실수하면서도 배웠어요. 또 보고, 듣고, 냄새 맡고, 맛보고, 느끼는 감각을 중요하게 여겼지요. 또 관찰하고 실험한 것에는 상상력을 덧붙여 자신만의 해답을 찾아내려고 애썼어요. 이처럼 레오나르도 다빈치는 타고난 천재이기 이전에 지독한 노력가였답니다.

감각을 길러요

감각은 창의력을 기르는 매우 중요한 요소예요. 오늘 본 것 중에서 가장 아름다웠던 것은 무엇인가요? 가장 좋았던 감촉은 무엇인가요? 기억에 남는 소리는요? 이런 질문을 하고 대답을 하면 감각을 일깨울 수 있어요. 또 친구들과 눈을 감고 소리나 감촉을 이용해 사물의 이름을 맞추는 놀이도 한번 해 보세요. 그러면 상상력은 더욱 커진답니다.

상관없어 보이는 것들의 공통점을 상상해 봐요

연필과 도마뱀을 관찰해 봐요. 둘은 아무 상관도 없을 것 같지만 상상을 하면 공통점을 발견할 수 있어요. 놀라서 꼬리를 끊은 도마뱀과 닳아서 짧아진 연필은 모두 짧아졌다는 공통점이 있어요. 그렇다면 거울과 스케이트의 공통점은 무엇일까요? 정답은 없어요. 하지만 사물에 대해 이런 상상을 자꾸 해 보면 그냥 글이나 말로만 아는 것보다 사물을 더 잘 이해하게 돼요.

스티븐 스필버그(Spielberg, Steven 1947~)
미국의 영화감독·영화 제작자. 13세 때 〈도피할 수 없는 탈출〉이라는 단편 영화를 처음 만들었다. 캘리포니아 주립 대학 영화과를 졸업한 뒤 영화감독이 되어 〈E.T.〉, 〈인디아나 존스〉 시리즈와 〈쥬라기 공원〉 시리즈, 〈A.I.〉, 〈캐치 미 이프 유 캔〉, 〈마이너리티 리포트〉, 〈터미널〉 등의 대작을 계속 발표했다. 특히 1993년에는 〈쉰들러 리스트〉로, 1998년에는 〈라이언 일병 구하기〉로 아카데미상 감독상을 수상해 작품성 또한 인정받았다. 세계적인 영화감독이 된 그는 〈타임즈〉지가 뽑은 '20세기의 가장 중요한 인물 100인'에도 선정되었다.

"스티븐, 생일 선물이다. 이게 뭔지 궁금하지 않니? 열어 보렴."

스티븐의 아버지가 커다란 상자를 내밀며 말했어요.

"이게 뭐예요, 아버지?"

스티븐이 상자를 열자 커다란 카메라가 나왔어요. 그런데 평소에 보던 카메라와는 다른 모양이었어요.

"이거 카메라 같은데요? 그런데 좀 무거워요."

"맞아, 카메라야. 정확하게 말하면 비디오카메라지. 비디오카메라로는 움직이는 것을 찍을 수 있단다. 그러니까 영화 같은 것 말이다. 어때, 마음에 드니?"

"영화라고요? 아버지, 정말 멋져요! 제 마음에 꼭 드는 최고의 생일 선물이에요. 고마워요."

스티븐이 아버지의 어깨에 매달리며 외쳤어요.

오늘은 바로 스티븐의 열두 번째 생일이었어요. 스티븐은 유대인이라는 이유로 어릴 때부터 학교 친구들에게 심한 놀림과 괴롭힘을 당했어요. 그래서 학교생활에 잘 적응하지 못했지요.

게다가 밖에 나가 활동하기를 싫어하는 스티븐은 학교에서 집으로 돌아오면 온종일 텔레비전 앞에만 붙어 있기 일쑤였어요. 스티븐은 채널을 이리저리 돌리면서 공상에 잠기거나 그마저도 지겨워지면 여동생에게 무서운 이야기를 지어서 들려주곤 했어요. 이처럼 스티븐은 공상이나 이야기를 지어내는 것으로 외로움을 달랬지요.

부모님은 이러한 스티븐이 안타까웠지만 달리 도와줄 방법이 없었어요. 그러다 그나마 영화를 좋아하는 스티븐이 취미를 붙이지 않을까 싶어 생일 선물로 비디오카메라를 준비한 것이었지요.

스티븐은 비디오카메라가 너무나 마음에 들어 설명서를 읽고 또 읽었어요. 영화감독처럼 행동해 보기도 하고 삼각대에 비디오카메라를 올려놓고 배우처럼 포즈를 잡아 보기도 하면서 밤을 꼬박 새웠어요. 그렇게 아침이 되자 끔찍하게도 가기 싫었던 학교에 가는 길에도 콧노래가 나올 정도였어요.

"이봐! 유대인. 뭐가 그렇게 즐거운 거냐? 예수님을 십자가에 못 박기라도 하려고?"

스티븐을 괴롭히는 같은 반 아이 마이클이었어요. 마이클은 스티븐만 보면 괴롭히지 못해서 안달이었지요. 마이클을 본 스티븐은 다시 가슴이 답답해지면서 어디론가 숨고 싶어졌어요.

"그런데 들고 있는 건 뭐냐? 카메라냐?"

마이클이 다가오면서 스티븐이 들고 있는 비디오카메라 가방을 툭툭 쳤어요.

"응. 아버지가 선물해 주셨어."

"와, 역시 돈만 아는 유대인들은 다 부자인가 봐. 이런 비싼 것도 선물 받고……."

마이클이 다시 빈정거렸어요. 그때 스티븐에게 어떤 생각이 번뜩 떠올랐어요.

"마이클. 이걸로 내가 사진 찍어 줄까?"

"사진? 뭐……. 그래, 좋아."

잠시 망설이던 마이클은 고개를 끄덕이며 나무 옆으로 가서 포즈를 취했어요.

"멋지게 찍어 줄게. 아무 이야기나 한번 해 봐. 이 카메라는 소리도 녹음되거든."

그러자 마이클은 쑥스러운 듯 노래 한 대목을 불렀어요. 스티븐은 짧게 촬영한 장면을 마이클에게 보여 주었지요.

"와, 멋진데? 이 카메라 정말 좋다."

마이클이 처음으로 환하게 웃었어요. 그 모습을 본 스티븐은 결심했답니다.

'그래. 학교에서 영화를 찍어야겠어. 내가 감독을 맡는 거야!'

스티븐의 이런 생각은 곧 현실이 되었어요. 스티븐은 자기를 놀리던 아이들을 모두 영화에 참여시켰어요. 비디오 카메라 앞에서는 무서울 것이 없었지요. 영화에서는 감독이 하라는 대로 다 해야 하니까요. 그러면서 스티븐은 반 친구들과 친해졌고, 학교생활에도 조금씩 적응하게 되었답니다.

이 소년이 바로 〈인디아나 존스〉 시리즈와 〈쥬라기 공원〉 시리즈를 만든 미국의 유명한 영화감독 스티븐 스필버그예요. 스티븐 스필버그는 긴장감 넘치는 연출과 멋진 촬영, 훌륭한 배경 음악과 독창적인 특수 효과로 자신만의 영화 세계를 만들며 20세기 최고의 흥행 감독이 되었어요.

그가 만들어 낸 환상과 유머, 모험으로 가득 찬 영화는 보는 사람들의 마음을 졸이게도 하고 슬프게도 하며, 가슴 벅차게도 하지요. 이렇듯 그가 수많은 관객의 마음을 사로잡는 영화를 만들 수 있었던 힘은 어디서 온 것일까요?

스티븐은 열여섯 살 때 처음으로 장편 영화를 찍었어요. 〈파이어 라이트(불빛)〉라는 제목의 영화였지요. 영화를 찍을 돈이 없었던 스티븐은 아버지에게 400달러를 빌렸어요. 하지만 완성된 영화가 동네 영화관에서 상영되면서 스티븐은 500달러나 벌 수 있었어요. 당연히 아버지에게 빌린 돈은 다 갚았고, 그러고도 돈이 남았어요.

"와, 열여섯 살짜리가 찍은 영화라고는 믿기지 않는데? 정말 재미있어. 너는 나중에 훌륭한 영화감독이 되겠구나."

영화를 본 사람들이 칭찬하자 스티븐의 어깨는 으쓱해졌어요. 자신의 힘으로 뭔가를 해냈다는 기쁨이 무척이나 컸지요. 하지만 공부에는 별로 관심이 없었어요. 그 탓에 고등학교 때에는 낙제를 벗어나지 못했어요.

"스티븐, 영화도 좋지만 공부를 좀 더 해야 하지 않겠니?"

"아버지, 전 영화감독이 될 거예요. 그러니 과학이나 수학, 외국어 같은 과목을 잘해야 할 이유는 없어요."

"하지만 스티븐, 영화감독이 되려면 아는 것이 많아야 해. 지금 당장은 수학이나 외국어가 필요 없을 것 같아도 나중에는 꼭 필요한 공부란다."

"네, 아버지. 노력해 볼게요."

하지만 스티븐은 달라지지 않았어요. 부모님도 공부하라는 말은 더 이상 하지 않았지요. 스티븐이 공부는 열심히 하지 않아도 지독한 책벌레라는 걸 알았거든요. 책이라면 닥치는 대로 읽었기 때문에 스티븐의 방에는 늘 책이 가득했어요.

"여보, 전 우리 아들을 믿어요. 자기가 좋아하는 것을 저렇게 열심히 하는 걸 보면 스티븐은 열정이 대단한 아이예요. 공부는 잘 못해도 분명 자기 몫을 다하는 훌륭한 사람이 될 거예요."

스티븐의 어머니가 이렇게 말하자 아버지도 고개를 끄덕였어요. 이러한 부모님의 이해 덕분에 스티븐은 영화를 찍느라 일주일씩 학교를 빠졌을 때에도 큰 문제 없이 넘어

갈 수 있었어요. 부모님이 스티븐이 병에 걸려 아프다고 학교에 연락해 주었거든요.

   하지만 어른이 되어 들어선 영화감독의 길은 그리 호락호락하지 않았어요. 스티븐은 자신이 찍은 영화를 보여 주기 위해 수많은 제작자들을 만났어요. 하지만 사람들 대부

분은 어린 나이의 스티븐이 찍은 영화에 관심이 없었어요.
 게다가 영화를 찍는 비용을 마련하느라 스티븐은 온갖 아르바이트를 다 해야만 했어요. 그러다 보니 자기 영화가 담긴 필름을 들고 늦은 밤 집으로 돌아오는 길이면 몸도 마음도 지쳐 축 늘어졌지요.
 어느 날 스티븐이 지친 몸을 이끌고 집으로 돌아오는 길이었어요. 캄캄한 밤하늘에는 별이 총총 떠 있었지요.

 스티븐은 길바닥에 털썩 주저앉았어요. 밤하늘의 별이 너무 아름다워 잠시만이라도 별 구경을 하고 싶었거든요. 고개를 들어 밤하늘을 한참 쳐다보자 꼬물꼬물 이야기가 떠올랐어요.

'외계인이 지구로 찾아오면 어떨까? 외계인은 악당의 모습일까? 아냐, 그건 너무 흔해. 외계인이긴 하지만 인간의 도움을 받는 외계인을 만들어 보는 게 좋겠어. 그리고 그 외계인이 지구의 친구와 우정을 나누는 거야.'

스티븐의 상상은 끝없이 이어졌어요.

'외계인의 모습은 어떨까? 사람처럼 생겼을까? 흠, 그건 너무 심심하지. 지금까지 한 번도 본 적이 없는 동물의 모습이 좋겠어. 눈은 크고 머리와 손은 이렇게……'

이렇게 상상을 할 때면 스티븐의 마음은 뜨거워졌어요. 어서 빨리 영화감독이 되어 사람들에게 자기가 만든 영화를 보여 주고 싶었지요. 사람들이 좋아할 이야기를 만들고 그것을 아름다운 영상으로 표현하는 일은 생각만 해도 가슴 벅찼어요.

'정말 정말 재미있는 영화를 만들 거야. 그래서 세상 사람들이 누구나 마음껏 웃을 수 있게 할 거야.'

스티븐은 손을 꼭 쥐었어요.

그러던 어느 날, 그가 찍은 영화를 우연히 본 유니버설 스튜디오와 계약을 하면서 스티븐은 정식 영화감독으로서 첫발을 내딛었어요.

얼마 뒤 스티븐이 만든 영화 〈죠스〉는 최초의 블록버스터 영화로 사랑을 받았어요. 그리고 이 영화로 불과 28살의 나이에 일약 천재 영화감독으로 불리게 되었지요. 이어서 그는 〈E.T.〉와 〈인디아나 존스〉, 〈쥬라기 공원〉 등을 발표해 전 세계 관객들에게 큰 사랑을 받았어요.

세계에서 가장 흥행한 영화 10편 중에 스티븐 스필버그 감독이 만든 영화는 4편이나 된답니다. 그 이유는 바로 관객이 원하고 기대하는 이야기를 영화 속에 화려하게 펼쳐 내는 스필버그의 상상력, 그리고 어린 나이부터 키워 온 열정 때문이 아닐까요?

창의력 키우기 ⑦
재미있는 상상을 계속하기

스티븐 스필버그의 어릴 적 취미는 공상이었어요. 부모님이 일을 하러 가시고 집에 계시지 않을 때나 친구들의 따돌림으로 학교에 가기 싫을 때 기분 좋고 재미있는 공상을 하면서 외로움을 이겨 냈지요. 하지만 그 공상은 그저 말도 안 되는 황당한 생각만은 아니었어요. 자신의 공상을 영화 속에 담아야겠다는 목표가 있었거든요. 이렇게 해 그 공상들은 어려운 상황을 극복하는 동시에 영화적인 상상력을 더욱 키우는 힘이 되었답니다.

힘들 때 하는 상상은 때로 에너지가 돼요

《소공녀》라는 소설에 나오는 주인공 세라는 집안이 어려워져 기숙사에서 쫓겨나고 다락방에서 어렵게 살았지만 자신이 공주라고 상상했어요. 그렇게 해 힘든 상황을 잠시라도 잊었지요. 이처럼 여러분도 상상해 보세요. 만일 시험을 망쳤다면 슬퍼하기보다는 다음 시험에 100점을 맞고 칭찬받는 상상을 하는 거예요. 그러면 울적한 기분이 사라지고 금세 힘이 날 거예요.

목표를 세워 봐요

상상력이 아무리 풍부하다고 해도 상상력을 활용할 수 있는 목표가 없으면 곤란해요. 그러니 먼저 자신의 목표를 세우고, 어떻게 하면 목표를 이룰 수 있을지 상상해 보는 것도 재미있겠지요? 또 목표를 이룬 뒤의 자신의 모습도 생각해 보세요.

각기 다른 것도 섞으면 새로워져

음악과 미술, 철학과 기계까지 섞어 새 예술을 탄생시킨
백남준

백남준(1932~2006)
한국의 비디오 예술가. 비디오 예술의 창시자로 전위적이고 실험적인 공연과 전시회로 유명하다. 1965년에 비디오카메라로 미국 뉴욕을 방문한 교황 요한 바오로 6세를 촬영해 그 영상을 방영했는데, 이것이 비디오 예술의 시작이다. 1996년 독일 〈포쿠스〉지에서 '올해의 100대 예술가'로, 1997년 독일 경제 월간지 〈캐피탈〉에서는 '세계의 작가 100인'으로 선정되었다. 이 밖에도 현대 예술과 비디오를 접목시키고 각국 문화 교류에 기여한 공로로 여러 나라에서 상을 받았다.

"남준아. 여기 이 음을 '도'라고 불러. 그리고 여기는 '솔'이야. 그래서 이렇게 두 음을 함께 치면서 화음을 맞추는 거야. 소리가 아름답지?"

피아노 공부를 하는 큰누나 희득이가 동생에게 피아노 치는 법을 설명해 주고 있었어요. 태어나서 처음으로 피아노를 본 남준이는 금세 피아노에 마음을 온통 빼앗겼어요. 그런 동생에게 자랑이라도 하듯 큰누나는 동생이 보는 앞에서 '소녀의 기도'를 멋지게 쳤답니다.

"와, 누나. 너무 좋아. 꼭 소리가 나오는 요술 상자 같아. 나도 피아노 배울래."

남준이는 펄쩍펄쩍 뛰면서 피아노에 매달렸어요.

"안 돼. 너는 남자잖아. 아빠 말씀처럼 넌 사업을 물려받아야지."

"하지만 나도 피아노를 치고 싶은걸. 내가 음악을 얼마나 좋아하는지 누나도 알잖아."

"그거야 알지만……. 그래, 그럼 누나가 시간이 날 때마다 조금씩 가르쳐 줄게."

"야호! 정말이지? 약속했어, 큰누나!"

그 뒤 남준이는 책상이나 마당에 건반을 그려 놓고 피아노 연습을 했어요. 누나가 집에 없을 때면 누나에게 배운 솜씨로 피아노를 직접 쳐 보기도 했지요. 은은한 피아노 멜로디가 울려 퍼질 때면 너무 좋아서 남준이는 언제나 가슴이 두근거렸어요. 하지만 아버지는 남준이가 피아노 치는 걸 못마땅해했지요.

"이 녀석! 또 피아노 앞에 앉아 있는 게냐? 사내자식이 그런 걸 배워서 무얼 할 거라고……. 넌 사업가가 되어서 이 아버지의 회사를 물려받아야 해. 그러니 피아노 같은 것에는 아예 관심조차 두지 말거라."

백남준의 아버지는 당시 큰 섬유 회사를 운영하고 있었어요. 옷감을 파는 포목상도 여러 개 운영했지요. 당시 아버지의 회사는 하루가 다르게 번창했기 때문에 어릴 때부터 백남준은 넉넉한 환경에서 자랄 수 있었어요.

하지만 백남준은 아버지가 운영하는 회사를 물려받고 싶은 마음은 없었어요. 그저 피아노만 치면서 살고 싶었지요. 아버지의 뜻을 거스르는 것 같아 마음이 무거웠던 백남준은 피아노를 치지 않겠다고 결심도 해 보았지만, 초등학교에 다니는 내내 피아노에 대한 마음을 버릴 수가 없었어요. 이런 동생의 마음을 누구보다 잘 아는 큰누나는 아버지에게 이렇게 부탁했어요.

"아버지, 남준이가 피아노에 소질이 있는 것 같아요. 제가 한두 번 가르쳐 준 것뿐인데도 솜씨가 보통이 아니더라고요. 남준이가 제대로 피아노를 배우도록 허락해 주세요."

"그게 무슨 소리냐. 설사 남준이가 피아노에 소질이 있다고 해도 그 애가 가야 할 길은 따로 있다."

"알아요, 아버지. 하지만 사업가가 된다고 해서 피아노를 치지 말라는 법은 없잖아요. 다시 한번 생각해 주세요, 네?"

큰누나의 설득으로 결국 아버지는 백남준이 피아노를 배우도록 허락했어요. 대신 취미로만 배우라는 조건이었지요.

백남준은 당시 일본에서 유학을 한 피아니스트 신재덕에게 정식으로 피아노를 배우게 되었어요. 신재덕은 백남준이 음악에 남다른 재능이 있다는 것을 발견했어요. 재능뿐 아니라 피아노에 대한 열정이 얼마나 대단한지도 알았지요. 신재덕과 함께하는 백남준의 실력은 하루가 다르게 쑥쑥 늘었어요.

그리고 스물한 살이 되자 아버지는 백남준이 일본에 유학을 가기를 바랐어요. 회사를 운영하기 위한 경영 공부를 본격적으로 시작하라는 뜻이었지요.

하지만 백남준은 마음속으로 다른 생각을 하고 있었어요. 아버지 몰래 음악을 더 공부해야겠다고 결심한 것이었어요. 백남준은 아버지에게는 경제학과에 입학한 것으로 말하고는 미학과에 입학해 버렸답니다. 미학은 미술과 음악, 문학에 대해 공부하는 학문이지요.

그러나 백남준의 거짓말은 곧 들통이 났어요. 학교에서 집으로 가정 통신문을 보냈거든요. 아들에게 기대를 걸었던 아버지는 몹시 실망했고, 백남준은 이 일로 아버지와 사이가 멀어졌지만 결코 음악을 포기할 수는 없었지요.

일본 도쿄 대학을 졸업한 백남준은 이번에는 독일로 가서 음악사를 공부했어요. 그런데 백남준의 꿈은 단순히 훌륭한 연주자가 되거나 작곡가가 되는 것이 아니었답니다.

'뭔가 새로운 음악을 하고 싶어. 베토벤이나 모차르트의 음악을 그대로 연주하는 것만으로는 뭔가 허전해. 더구나 지금은 20세기잖아. 현대인의 마음을 표현하는 것은 베토벤이나 모차르트 같은 고전 음악만으로는 안 될 것 같아.'

그는 현대 음악에 대한 공부를 계속해 가면서 자신의 이런 고민을 어떻게 해결할지 연구하고 또 연구했어요.

그러던 어느 날, 백남준은 독일 다름슈타트에서 열린 음악 페스티벌에 갔다가 미국의 전위 작곡가인 존 케이지를 만났어요. 그날 존 케이지가 한 이 말에 백남준은 큰 충격을 받았답니다.

"소음이야말로 놀라운 음악이지요."

백남준은 이제까지의 고민에 어떤 깨달음을 얻은 것 같았어요.

'맞아, 현대야말로 소음의 시대가 아닌가. 더구나 음악은 소리 예술이니까 소음을 무시하면 안 되는 거였어. 소음과 함께하는 음악이라니 정말 멋진 걸!'

　마침내 백남준은 뒤셀도르프에서 그러한 생각을 담은 연주회를 열었어요. 제목은 〈존 케이지에게 바치는 경의 : 녹음기와 피아노를 위한 음악〉이었지요. 그런데 이 연주회는 보통 연주회와는 완전히 달랐어요. 무대가 시작되자마자 피아노 연주 소리와 함께 비명, 클래식 음악이 뒤섞여

흘러나왔어요.

 관객들이 깜짝 놀라 어리둥절해하는 사이에 백남준은 무대로 올라가 무대 위에 놓인 깡통을 발로 찼어요. 그러자 깡통이 여기저기 부딪히는 소리가 무대에 울렸어요. 이어서 백남준은 머리로 피아노를 두드리기까지 했답니다.

 웅성거리던 관객들은 마침내 큰 박수를 보냈어요. 이것이 바로 당시 시작되고 있던 '전위 예술'이라는 것을 깨닫게 된 것이지요.

 전위 예술은 20세기 초 프랑스와 독일을 중심으로 등장한 예술 형식인데, 이전의 자연주의와 고전주의에 대항한 새로운 예술 운동이었어요. 원래 '전위'란 말은 전투할 때 맨 앞에 서서 적을 향해 돌진하는 부대를 뜻하는 말이에요. 하지만 나중에는 뜻이 변해 이처럼 혁신적인 예술 활동을 가리키는 말이 되었지요.

 이렇게 세상을 놀라게 한 백남준의 상상력은 쉼 없이 앞으로 내달렸어요. 그중 하나가 텔레비전이었지요. 당시는 텔레비전이 처음 나와 일반 가정에 처음으로 퍼지기 시작할 때였어요. 세상 사람들은 모두 텔레비전에 푹 빠져 있었지요.

'캔버스에 그림을 그리는 것은 더 이상 의미가 없어. 이제는 캔버스를 대신해 텔레비전 브라운관에 내 생각을 표현해야겠어.'

하지만 그의 이런 생각을 이해하는 사람은 단 한 명도 없었어요.

"이봐. 남준. 무슨 소리야. 텔레비전을 캔버스로 삼겠다니, 말도 안 되네. 자네가 언제나 남다른 생각을 한다는 건 알지만 이번에는 정말 이해할 수가 없군!"

"그렇게 말한다면 나도 뭐라 대답할 말이 없네. 하지만 사람들이 무작정 좋아하기만 하는 텔레비전에 대해 경각심을 갖게 하고 싶어. 또 무엇보다 사람들이 좋아하는 소재를 활용하는 예술이야말로 살아 있는 예술이 아닌가."

그때부터 백남준은 홀로 집에서 전기나 전자 공학에 관한 책들과 씨름을 했지요. 바로 텔레비전의 원리를 이해하기 위해서였어요.

그런데 그 무렵 백남준의 집안 사정이 나빠져 더 이상 학비를 보내 줄 수 없다는 소식이 전해졌어요. 이제 백남준은 생활비마저 부족할 정도였지요. 하지만 그는 아르바이트를 해서 간신히 모은 돈으로 텔레비전 13대를 샀어요. 그

즈음 그의 작업실은 텔레비전 부품과 공구로 가득 차 마치 텔레비전 수리 가게 같았답니다.

그리고 얼마 뒤 마침내 전시회를 열 수 있게 되었어요. 제목은 〈음악의 전시 : 전자 텔레비전〉이었지요. 사람들은 귀로 듣는 음악을 눈으로 보도록 전시한다는 놀라운 생각에 의아해하면서 전시장으로 모여들었어요.

전시장 바닥에는 망가진 텔레비전들이 널려 있었어요. 당시 텔레비전은 꽤 비싼 물건이었기 때문에 사람들은 무척 놀랐지요.

"이런. 텔레비전을 모두 부순 거잖아? 아유, 아까워라."
"이게 무슨 의미지?"
관객들은 고개를 갸우뚱했어요.

　그런데 관객들이 발걸음을 옮기자 텔레비전의 화면이 켜지면서 소리를 내기 시작했어요. 어떤 것은 화면이 거꾸로 보였고, 어떤 것은 바닥을 밟아야만 화면이 나왔지요. 또 어떤 것은 관객의 움직임에 따라 화면이 바뀌었어요.

　그러자 관객들의 탄성이 이어졌어요. 당시로서는 상상도 할 수 없는 놀라운 전시였거든요. 그 전시는 텔레비전에서 내보내는 모든 것을 그대로 믿는 사람들에게 텔레비전은 기계일 뿐이라는 걸 알려 줌과 동시에 사람들의 우상인 텔레비전을 비판하는 것이었어요.

　하지만 평론가들의 반응은 좋지 않았어요. 백남준에게 '최악의 피아니스트'라는 말까지 할 정도였지요. 백남준은 자신을 알아주지 않는 평론가들에게 실망했지만 좌절하지는 않았어요. 무엇보다 자신에게 잘 맞는 텔레비전이란

소재를 찾아냈다는 것이 즐거웠지요.

"이게 바로 살아 있는 예술이야. 관객들이 쉽고 재미있게 즐길 수 있는 예술이 필요해!"

이 전시회를 시작으로 백남준은 비디오 예술가의 길을 걷기 시작했어요. 어느덧 그의 이름은 미국뿐 아니라 유럽에도 널리 알려졌지요. 하지만 그가 유명해졌다고 해서 그의 삶이 평탄해진 것은 결코 아니었어요.

백남준의 작품은 그림이나 조각처럼 사거나 팔 수 있는 것이 아니었어요. 행위 예술이었기 때문에 그 상황에서 일어나는 몸짓이나 소리, 관객들의 반응까지 합쳐져야 비로소 하나의 완성된 작품이 되었지요. 그러다 보니 백남준은 전시회를 열어도 작품을 팔지 못해 늘 가난에 시달렸어요. 기발한 상상력이 마음속에서 넘쳐흘렀지만 새로운 전시를 준비할 때마다 투자할 사람을 찾기가 여간 힘든 게 아니었답니다.

그러던 중 백남준은 간신히 미국 록펠러 재단의 지원을 받게 되었어요. 록펠러 재단은 미국의 사업가 록펠러가 1913년에 뉴욕에 설립한 재단이었는데, 세계 인류의 복지를 위한 여러 가지 문화 사업을 지원했지요.

재단에서 지원금을 받자마자 백남준은 그 돈으로 비디오카메라를 샀어요. 그때만 해도 비디오카메라는 매우 비싸고 귀한 물건이었지요. 비디오카메라를 손에 든 백남준은 새롭게 솟구치는 생각이 너무 많아 머리가 터질 지경이었어요.

"아, 이것으로 할 수 있는 게 정말 많겠어. 정말 재미있고 신기한 도구야. 텔레비전에 이어서 이 비디오카메라가 내게 큰 힘이 되어 줄 것 같은데?"

빙그레 미소를 짓던 그는 세상을 깜짝 놀라게 할 작품을 준비하기 시작했어요. 1984년 1월 1일 0시에 〈굿모닝 미스터 오웰〉이라는 작품을 전 세계에 생중계한 것이지요.

이 작품은 미국 뉴욕과 샌프란시스코, 프랑스 파리, 독일 베를린, 한국 서울 등 세계의 대도시에서 동시에 공연하는 장면을 인공위성을 통해 전 세계로 중계하는 것이었어요. 미리 짜 놓은 계획대로 움직이는 것이 아니라 즉석에서 만드는 일종의 즉흥 공연인 셈이었지요. 이 공연에서는 전위 작곡가 존 케이지뿐만 아니라 첼로 연주가 샬럿 무어먼, 샹송 가수 이브 몽땅 등 세계를 대표하는 예술가들이 함께 참여해 한바탕 잔치를 벌였어요.

그런데 백남준은 1984년 1월 1일 아침에 왜 이런 공연을 열었을까요? 그것은 영국의 작가 조지 오웰이 《1984년》이라는 책에서, 1984년이 되면 텔레비전이 독재자가 되어 모든 사람들을 꼼짝 못하게 하고 마침내 인류가 파멸할 것이라고 한 내용이 틀렸다는 것을 보여 주려 한 것이었어요. 그래서 '굿모닝 미스터 오웰'이라는 제목을 달아, 1984년이 되었지만 세상 사람들은 여전히 건강하게 잘 살고 있다는 의미를 담았지요.

"정말 멋진 퍼포먼스야! 백남준 원더풀!"

"우리나라 사람의 것이라니 놀라운데? 이제 비디오 예술에 대해 어느 정도 이해할 것 같아!"

사람들은 환호를 지르며 백남준의 기발한 상상력에 찬사를 보냈어요. 더구나 한국인이 이런 놀라운 일을 이루어 냈다는 것에 마음이 더욱 뿌듯했지요. 이 행사를 계기로 우리나라에도 비디오 예술이라는 예술 장르가 널리 소개되었답니다.

그 뒤로도 백남준은 늘 상상을 뛰어넘는 상상, 창조에 창조를 거듭하는 예술 작품으로 사람들에게 새로움을 선물했어요. 그러나 그렇게 왕성하게 활동하던 백남준에게 시련이 닥쳤어요. 1996년 봄, 뇌졸중으로 쓰러진 거예요.

"난 아직도 하고 싶은 작품이 많은데……."

뇌졸중은 뇌에 문제가 생겨 몸이 마비되고 머리가 둔해져 말을 더듬게 되는 병이에요. 백남준은 치료를 받기는 했지만 왼쪽 몸이 마비되어 휠체어 없이는 움직일 수 없게 되었어요. 하지만 늘 긍정적이었던 백남준은 오른쪽 몸으로 새로운 작품을 구상하고 작업을 다시 시작했어요.

그는 미국 뉴욕 구겐하임 미술관과 서울 호암 갤러리, 로댕 갤러리 등에서 작업을 계속해 나갔어요. 2004년에는 9·11 테러 사건으로 희생된 사람들을 추모하는 〈메타 9·11〉을 선보여 가족과 친구를 잃은 뉴욕 시민들을 위로했지요.

'내 작품을 보며 사람들이 위로를 얻고, 행복해하는 모습이야말로 내게 큰 힘이자 삶의 전부였지. 하지만 이제는 내가 할 일을 다한 것 같구나.'

그는 75세의 나이로 눈을 감았어요. 하지만 그의 작품과 도전 정신은 아직도 우리 곁에 살아 있답니다.

여러 분야의 지식을 섞어 보기

백남준은 언제나 새로운 것을 생각했어요. 이러한 그의 노력은 비디오 예술이라는 장르로 표현되었지요. 그러나 그의 작품에는 이러한 새로움 외에도 평소 공부한 철학, 신학, 문학 등 다양한 분야에 대한 지식이 모두 담겨 있어요. 이처럼 백남준은 오랜 세월 꾸준히 공부해 온 다양한 지식과 상상력을 서로 섞어 참신한 예술 장르를 개척했답니다.

악기를 배워 봐요

상상력이 뛰어난 인물들의 공통점은 악기를 잘 다루었다는 거예요. 자신에게 맞는 악기 하나 정도를 3년 이상 배워 자유롭게 다룰 수 있도록 해 보세요. 악기를 다루면 재미있는 것은 물론이고 소리, 감정 등의 감각이 길러져요. 또 우리가 쓰지 않는 뇌를 자극해 뇌의 활동을 더욱 활발하게 만든답니다.

주변의 소재를 이리저리 섞어 새로운 아이디어를 만들어 봐요

백남준은 자신의 상상력이 한국의 비빔밥 정신에서 나왔다고 했어요. 다양한 예술 장르를 이리저리 섞어 탄생시켰다는 뜻이지요. 여러분도 아이디어가 필요할 때 주변에 있는 서로 다른 소재들을 이리저리 섞어 생각해 보세요. 그러면 더욱 새롭고 독창적인 무언가가 만들어질지도 몰라요.

위기를 두려워 마

타고 남은 나무로 세계적인 장난감을 만든
고트프레드 크리스티얀센

고트프레드 키르그 크리스티얀센
(Godtfred Kirk Christiansen, 1920~1995)

덴마크의 기업가. 집안 형편이 어려워 12살에 학교를 그만두고 아버지의 목공소에서 일하기 시작했다. 손재주가 뛰어났던 그는 목공소에 남은 자투리 나무로 장난감과 요요를 만들어 마을 사람들에게 팔았다. 그 뒤 플라스틱 조립장난감인 '레고'를 만들어 30살에 레고 회사의 사장 자리에 올랐고, 7년 만에 회장이 되었다. 그가 고향인 덴마크 빌룬트에 만든 레고 놀이공원 '레고랜드'는 덴마크 최고의 관광지이기도 하다.

　덴마크 북부에 위치한 빌룬트라는 마을은 풀 한 포기 자라기 힘들 정도로 혹독하게 춥고 외진 곳이었어요. 그 마을에는 목공소를 운영하는 올레 가족이 살고 있었답니다. 가난한 집 아들로 태어나 목수 기술을 익힌 올레는 이 지방 저 지방을 떠돌며 목수 일을 해 모은 돈으로 얼마 전 이곳에 목공소 하나를 냈어요.

　하지만 원래 가난한데다 빚을 많이 진 채 목공소를 열었기 때문에 올레의 가족들은 절약에 또 절약을 해야 했어요. 그래서 넷인 자식들 중 학교는 단 한 명만 보낼 수 있었지요. 그 한 명이 바로 셋째 아들 고트프레드였어요.

　"고트프레드! 학교에서 오는 길이야?"

　책을 읽으며 집으로 향하는 고트프레드에게 자전거를 타고 가던 마을 친구가 말을 걸었어요.

"응. 오늘은 화요일이잖아."

"네 형들과 동생은 어쩌고?"

"우리 집에서는 내가 대표로 학교에 다녀. 대신 학교에서 배운 것을 집에 가서 형들하고 동생에게 가르쳐 주면 돼. 아버지가 네 명 모두 학교에 다닐 필요는 없는 거래."

"와, 대단하신 아버지구나. 우리 집도 그러면 좋을 텐데……. 난 학교 가는 게 정말 싫거든! 그래도 자전거 타는 건 신나. 그럼 나 먼저 갈게. 나중에 봐!"

마을 친구가 탄 자전거는 흙먼지를 일으키면서 멀리 사라졌어요. 고트프레드는 다시 책으로 눈을 돌렸어요. 학교에서 배운 것을 하나도 빼놓지 않고 다 익혀야 집으로 돌아가 형들과 동생에게 가르쳐 줄 수가 있었거든요.

아버지는 고트프레드가 네 형제 중 가장 똑똑하다며 학교에 보냈어요. 나머지 형제들은 목공소 일을 거들어야 했지요. 그러나 아무도 이것에 불만을 가지지는 않았어요. 형제들은 서로 무척 우애가 좋았고, 어려운 집안 형편도 잘 알고 있었기 때문이에요.

학교에 가지 않을 때에는 고트프레드 역시 목공소 일을 거들었어요. 새벽 6시에 일을 시작해 나무를 정리하고, 간

단한 계산을 하고 밤늦게까지 공장 이곳저곳을 청소하는 등 고트프레드는 조금도 쉴 틈이 없었어요. 더구나 초등학교를 졸업한 다음에는 마을 근처에 입학할 학교가 없어 공부를 그만두어야 할 형편이 되었지요.

"미안하구나, 고트프레드. 너를 더 공부시키고 싶지만 중학교가 있는 곳까지 보내기에는 형편이 너무 좋지 않구나. 이제 공부는 그만해야 할 것 같다."

아버지가 이렇게 말을 꺼내자 고트프레드는 말없이 고개를 끄덕였어요. 공부를 하고 싶은 마음은 굴뚝같았지만 혼자 욕심을 부려서는 안 된다는 걸 잘 알았거든요.

'선생님도 그러셨어. 공부는 결국 혼자서 하는 거라고 말이야. 학교에 다니지 못하더라도 계속 집에서 공부하면 돼.'

고트프레드는 이렇게 결심하고는 두 손을 꼭 쥐었어요. 이 아이가 바로 전 세계 어린이들이 사랑하는 블록 장난감 '레고'를 만들어 낸 고트프레드 크리스티얀센이에요.

고트프레드는 어린 나이임에도 열심히 일했어요. 그런 고트프레드가 안쓰러웠는지 아버지는 고트프레드와 함께 나무를 다듬을 때면 종종 목공소를 운영하는 방법에 대한 이야기를 들려주곤 했어요.

"얘야, 손님에게 물건을 보내는 날짜는 무슨 일이 있어서도 어겨서는 안 된단다. 또 품질은 최고여야 해. 손님은 우리 실력을 믿고 주문하는 것이니 말이다. 그게 바로 신용이란다. 신용을 잃으면 제아무리 실력이 뛰어나더라도 아무 소용이 없어."

오랫동안 아버지의 이런 가르침을 받은 고트프레드 역시 신용을 아주 중요하게 생각했어요. 덕분에 올레 가족들의 목공소는 신용과 실력을 발판으로 조금씩 형편이 나아지기 시작했답니다.

"어서 오세요, 켈 아저씨. 무엇이 필요하세요?"

마을에 사는 켈 아저씨가 들어서자 고트프레드가 큰소리로 인사를 했어요. 어떤 손님이든 가게에 들어서면 고트프레드는 언제나 친절하게 인사하는 것을 잊지 않았어요.

손님들은 항상 밝고 씩씩한 고트프레드를 좋아했지요. 그러다 보니 멀리서도 찾아오는 손님이 생길 정도가 되었어요. 또 고트프레드는 손님들이 원하는 가구를 그대로 만들기보다는 자기의 아이디어를 내놓기를 좋아했답니다.

"켈 아저씨, 이 식탁에 서랍을 달아 보면 어떨까요? 아주

머니가 좋아하실 것 같은데요? 식탁 밑부분을 사용하니까 물건을 놓는 공간을 절약할 수 있어요."

고트프레드는 켈 아저씨가 가져온 식탁 설계도를 보고 말했어요.

"그거 좋은 생각이구나. 안 그래도 아내가 집이 좁다고 성화거든. 솜씨 좋은 네가 멋지게 서랍을 만들어 보렴."

"네, 아저씨. 다음 주 금요일까지 식탁을 완성할게요."

하지만 이처럼 겨우 안정을 찾았던 고트프레드의 목공소에 어느 날 불행이 닥치고 말았어요.

"불이다! 불!"

"아니, 저기는 올레 아저씨네 목공소 같은데?"

마을 사람들이 웅성거리며 모여들었어요. 무슨 까닭인지 고트프레드의 목공소에서 불이 난 것이었어요. 고트프레드는 마을 사람들과 함께 불을 끄려고 이리저리 뛰어다녔어요. 하지만 그때 마침 불어오는 바람을 타고 불길은 더욱 커지기만 했어요. 가족들은 물을 가져와 정신없이 퍼부었지만 불이 꺼졌을 때는 공장과 공장의 나무들은 모두 시커멓게 불타 버린 뒤였어요.

"이제야 빚도 다 갚고 살림살이가 좀 나아지는 것 같았는데……."

물건 배달을 나갔다가 허겁지겁 달려온 아버지는 낙담한 얼굴로 잿더미가 된 공장을 바라보았어요.

고트프레드의 마음도 무너질 것 같았어요. 그동안 열심히 일한 보람이 한순간에 사라져 버린 것이었어요. 하지만 자기까지 슬퍼하면 아버지가 너무 힘들 것이라고 생각한 고트프레드는 애써 마음을 다잡고 아버지를 위로했어요.

"아버지, 너무 걱정하지 마세요. 그래도 가족들이 무사한 게 천만다행이에요. 앞으로 제가 더 열심히 일할게요. 기운 내세요."

아버지는 눈물을 글썽이며 고트프레드를 바라보았어요. 그리고 아들을 봐서라도 기운을 내야겠다고 다짐했지요.

다음 날부터 고트프레드는 불탄 목공소의 목재들을 정리하기 시작했어요. 다행히 어떤 목재들은 건질 수 있었지만 다 타고 한 귀퉁이만 남은 것이 대부분이었어요.

"이걸 버리기는 너무 아까운데……. 만들 게 뭐 없을까?"

고트프레드는 자투리 나무를 이리저리 굴려 보면서 생각에 잠겼어요. 며칠 뒤 고트프레드는 아버지에게 나무로 만든 작은 오리 장난감을 내밀었어요.

"아버지, 이거 어때요?"

"장난감 아니니? 예쁘구나. 네가 만들었니?"

"불타고 남은 자투리 나무로 만들어 봤어요. 여기 오리 목 부분에 끈을 달아서 어린아이들이 끌고 다니게 하면 좋아할 것 같아요. 자투리 나무로 장난감을 만들어 팔아 보면 어떨까 싶어요."

"글쎄다. 예쁘긴 하다만 살 사람이 있을지……."

그러나 아버지의 생각과는 달리 고트프레드가 만든 장난감은 매우 반응이 좋았어요. 사람들은 목공소 앞에 전시해 놓은 몇 안 되는 장난감들을 앞다퉈 사 갔지요.

손재주 좋은 고트프레드는 목공소 일이 끝나면 목공소 바닥에 앉아 남은 나무들로 여러 가지 장난감을 만들기 시작했어요. 고트프레드가 만든 장난감 중에서도 가장 인기가 좋았던 것은 크기별로 나무를 잘라 알록달록하게 색을 칠한 나무 블럭이었어요. 이것으로 아이들은 자기가 원하는 모양을 만들 수 있었지요.

"고트프레드야, 요즘 장난감이 잘 팔리는구나. 장난감 때문에 우리 가게에 들르는 사람이 있을 정도니 말이다."

아버지가 목공소 장부를 뒤적이며 이렇게 말했어요.

"다행이에요. 이번 주에는 좀 더 새로운 걸 만들어 볼까 해요."

"허허. 이러다간 목공소 가구보다 장난감이 더 잘 팔리는 건 아닌지 모르겠구나."

"전 장난감 만드는 게 좋아요. 어떻게 하면 아이들이 더 좋아할지를 고민하는 게 정말 즐거운걸요."

"넌 분명 소질이 있어. 목공소에 불이 난 건 아마 하늘이 내린 축복이었을 거다."

아버지는 오랜만에 크게 웃었어요.

"그런데요, 아버지. 아무래도 우리가 만드는 장난감에 이름이 있어야겠어요. 사람들이 그저 목공소 장난감이라고 하는데, 그것보다는 정식 상표를 만드는 게 어때요?"

"그래, 그럼 어떤 게 좋겠니?"

"'레고(LEGO)'가 어떨까요? 덴마크어로 '재미있게 놀아라(LEg GOdt).'라는 말에서 앞부분만 딴 거예요."

"허허. 그거 괜찮구나. 외우기가 쉬워서 무엇보다 아이들

이 잘 기억할 테니 말이다."

그렇게 해서 레고라는 이름이 만들어졌어요. 레고는 라틴어로 '나는 모은다, 나는 읽는다, 나는 조립한다.'라는 뜻도 가지고 있었지요. 머지않아 레고는 목공소에서 가장 잘 팔리는 제품이 되었어요.

17살이 된 고트프레드는 이제 목공일 대신 장난감을 고안하고 설계해 만드는 일까지 맡게 되었어요. 손으로 일일이 나무를 갈고 색을 입히는 고된 작업을 하면서도 고트프레드는 늘 즐거웠어요. 아이들이 자신이 만든 장난감을 재미있게 가지고 논다고 생각하면 마음이 뿌듯했지요.

그렇게 얼마가 지났을 때였어요.

"아니, 고트프레드야. 이번 장난감에서는 윤이 덜 나는 것 같구나. 어떻게 된 거니?"

완성된 장난감을 포장하던 아버지가 이렇게 물었어요.

"그게요, 아버지. 장난감 만드는 비용을 좀 절약하려고 두 번씩 하던 칠을 한 번으로 줄였어요."

고트프레드가 머뭇거리며 대답했어요. 그러자 아버지의 얼굴이 굳어졌어요.

"뭐라고? 우리의 제품은 최고가 아니면 안 된다. 이렇게 해서는 손님들의 마음을 얻을 수 없지. 이 장난감은 모두 다시 작업하도록 해라."

아버지는 포장한 장난감들을 다시 모두 탁자 위에 쏟았어요.

"아버지. 다음부터는 꼭 제대로 할게요. 이번만 봐 주세요. 벌써 물건 몇 상자가 기차역으로 출발했어요……."

"뭐라고? 안 된다. 모두 다시 가지고 오도록 해라!"

아버지의 엄한 목소리에 그제야 고트프레드는 잘못을 깨달았어요. 목공소를 시작할 때부터 지금까지 언제나 최고의 물건을 만들어 손님들에게 신용을 얻고자 했던 아버지의 뜻을 잠시 잊은 것이었지요. 고트프레드는 서둘러 기차역으로 달려갔어요. 그리고 기차에 물건을 싣기 바로 직전 장난감 상자들을 모두 다시 가져와 밤새도록 다시 작업했답니다.

이렇게 차근차근 회사를 키워 가던 고트프레드가 25살이 되었을 때 세상에는 플라스틱이라는 소재가 나와 인기를 끌고 있었어요. 고트프레드는 플라스틱이 장난감 시장을 크게 바꿔 놓을 것이라고 예상했어요. 그래서 플라스틱으로 자동차와 인형 등을 만들기 시작했지요. 하지만 거기에 관심을 갖는 사람은 아무도 없었어요.

"이봐, 고트프레드. 이미 레고 제품은 인기가 많아. 그런데 뭐 하러 플라스틱으로 새로 장난감을 만들려는 거야? 쓸데없는 생각 말고 나무로 된 장난감을 더 많이 만드는 게 좋겠네."

　주변 사람들은 이렇게 말렸지만 그는 포기하지 않고 플라스틱 장난감에 대한 연구를 계속했어요. 그리고 마침내 플라스틱으로 끼워 맞추는 블록을 완성했지요. 아니나 다를까 이 제품은 폭발적인 인기를 끌었어요. 다른 블록과 달리 레고 블록은 튼튼하면서도 서로 잘 끼워지고 또 끼워진 다음에는 쉽게 빠지지 않았어요.

　게다가 이 블록으로는 자동차, 학교, 성, 우주선 등 무엇이든 만들어 낼 수가 있었지요. 전 세계의 아이들은 레고를 이용해 자신이 만들고 싶은 것을 마음껏 만들어 내는 재미에 푹 빠졌답니다.

　위기를 두려워하지 않았던 고트프레드는 뛰어난 창의력으로 마침내 덴마크 아이들뿐 아니라 전 세계 어린이들의 사랑을 받는 장난감을 탄생시킬 수 있었던 거예요.

생활 곳곳에서 즐거움과 재미 찾기

고트프레드의 상상력은 바로 즐거움이었어요. 장난감은 그것을 만드는 고트프레드나 가지고 노는 아이들 모두에게 즐거움을 가져다주었지요. 만일 고트프레드가 어릴 적 가난한 집안 형편에 불평만 했다면 오늘날 레고가 있을 수 있었을까요? 아무리 어려운 환경 속에서라도 즐거움은 있답니다. 그리고 즐거움을 찾으려는 노력이 훌륭한 상상력을 만들어 내지요.

주어진 환경에서 즐거움을 찾아 봐요

아버지의 코 고는 소리가 듣기 싫은가요? 그 소리에 노랫말을 붙여 보세요. 동요가 될 수 있어요. 이처럼 별로 즐거워 보이지 않는 환경에서도 얼마든지 즐거움을 찾을 수 있지요. 옛날 어린이들은 컴퓨터도 없고 게임기도 가지고 있지 않았답니다. 그럼 너무 심심했을 거라고요? 아니에요.

이런 것들 없이도 땅에 선을 그어 땅따먹기 놀이를 하거나 고무줄 하나를 가지고도 해가 질 때까지 놀았지요. 이렇게 즐거움과 재미는 누가 주는 것이 아니라 스스로 만들어 내기 나름이랍니다.

있는 그대로에서 한 가지만 더 생각해 봐요

창의력은 있는 그대로를 받아들이기보다는 뭔가 더 새로운 것을 생각하는 데서 나와요. 이렇게 한 번 해 봐요. 라면을 끓일 때 흔히 넣는 계란이나 파 말고 된장이나 시금치를 넣어 보는 거예요. 글을 쓰거나 공부를 할 때도 뭔가 더 새로운 방법을 써 보세요. 이를 통해 창의력을 더욱 키울 수 있답니다.

정답이 없는 창의력 문제

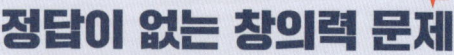

여기 나오는 문제에는 정답이 없어요. 빈 곳을 여러분의 창의력으로 채우면 된답니다. 그러니 부담 없이 재미있게 해 볼 수 있겠지요? 문제를 다 풀고 나면 스스로 문제를 내 봐도 좋아요.

1. '봄'이라는 단어를 들으면 떠오르는 것을 100개 적어 보세요.

아지랑이, 졸음,

2. '젓가락'과 '학교'의 공통점 10개를 찾아 적어 보세요.

❶ 시작이 어렵다.
❷ _____
❸ _____
❹ _____
❺ _____
❻ _____
❼ _____
❽ _____
❾ _____
❿ _____

3. 쓰여진 단어를 보고 알맞은 다른 말을 상상해 빈 곳을 채워 보세요.

❶ 나무 → 장작 → 캠프 → _____ → _____ → _____ → _____ → 노을 → _____ → _____ → 숙제 → 선생님 → _____ → _____ → 자동차 → 아빠 → _____ → _____ → 꿈

❷ 밤 → 꿈 → _____ → _____ → 비행기
→ 공항 → 해외여행 → _____ → _____
→ 영어 → 시험 → _____ → _____ → 사막
어린 왕자 → 동화책 → _____ → _____
→ 전화

친구끼리 같은 문제를 각자 푼 다음, 서로 비교해 봐요. 그러고 나서 어떻게 다르게 생각했는지 얘기해 보세요.

4. 다음 그림을 보고 5가지 질문을 만들어 보세요. 조금 황당하고 엉뚱해도 괜찮아요!

국립중앙박물관 소장

이 그림은 조선 시대의 화가 김홍도의 〈벼 타작〉이라는 작품이에요.

❶ 왜 갓을 쓴 양반은 일을 하지 않는 걸까? _____
❷ _____

❸ _____
❹ _____
❺ _____

이 그림은 네덜란드의 화가 빈센트 반 고흐의 〈아를의 고흐의 방〉이라는 작품이에요.

❶ 왜 방에는 같은 물건이 두 개씩 있는 걸까?
_____
❷ _____
❸ _____
❹ _____
❺ _____

단단한 어린이가 되는 주니어 자기계발 시리즈 ❷

초등학생 때 배워 평생 써먹는 창의력

초판 1쇄 발행 2024년 8월 25일

지은이	박은교
그린이	설은영

펴낸이	이혜경
펴낸곳	니케북스
출판등록	2014. 4. 7	제 300-2014-102호
주소	서울시 종로구 새문안로 92 광화문 오피시아 1717호
전화	(02)735-9515	팩스 (02)6499-9518
전자우편	nikebooks@naver.com
블로그	blog.naver.com/nikebooks
페이스북	facebook.com/nikebooks
인스타그램	(니케북스) @nike_books (니케주니어) @nikebooks_junior

ⓒ 니케북스, 박은교 2024

ISBN 978-89-98062-80-4 74190
ISBN 978-89-98062-82-8 74190 (세트)

니케주니어는 니케북스의 아동·청소년 브랜드입니다.

책값은 뒤표지에 있습니다.
잘못된 책은 구입한 서점에서 바꿔 드립니다.